フランス語で綴る
グリーティングカード

にむら じゅんこ　著
ハミル・アキ　　画

SIMPLE
COMME
BONJOUR

SANSHUSHA

prologue

　フランスは手紙社会です。大切なこと、重要なことはすべて手紙でやりとりしています。
　もちろん、２１世紀を迎える今、手紙よりも早くて便利な伝達手段はフランスにもいくらでもあります。でも、便利さだけを追求していくと、私達の生活はなんだか無味乾燥になって色褪せていくような気がしませんか。合理主義に走らず、生活を豊かにするような工夫・・・これをフランスでは"art de vivre"と呼んでいますが、あえて訳せば、「生活術」とでも言うのでしょうか。
　毎日の生活を彩る創意工夫を凝らすのは、なにもフランス人特有のものではありません。かつての日本人こそ、生活に関する素晴らしいセンスの持ち主でした。歳事記やキモノや帯の柄ひとつをとってみても、今よりもずっと風流で機知のある暮らしをしていたのが感じられます。しかし、現代の日本の日常生活はどうでしょう？　物質的に豊かになっていくにつれて、それに反比例するように精神的には薄っぺらくなっていく気がしませんか？
　こんな世の中だからこそ、もっと"art de vivre"を見つめなおしてみるチャンスなのだと思うのです。そこで私たちが注目したのが、カードや絵手紙です。本書のイラストを担当してくれたのは、ハミル・アキさんです。書画を現代風にアレンジし、素敵な作品を書いているハミルさんは、"art de vivre"の精神で、日常を優しいまなざしで眺めている作家です。
　この本を通じてみなさんの暮しの中に忘れかけていた「生活術」を取り戻していただけたら、と願ってやみません。

　　　　　　　　　　　　　　　　　　　にむら　じゅんこ

Chapitre 1

手紙、カードの基礎体裁

便箋の配置	8
封筒の使い方	10
フランス人の筆跡	12
書き出し	15
結びの言葉	21

Chapitre 2

季節の挨拶

クリスマスの挨拶	31
正月の挨拶	33
暑中見舞	35
クリスマスや年賀状のお礼	37
フランス式名刺を作ってみませんか	38

Chapitre 3

お知らせ

引っ越しました	51
結婚しました	53
あかちゃん誕生	55
開店のお知らせ	57
展覧会のお知らせ	58
招待状	61
招待状への返事	62

Chapitre 4

おめでとう

いつでも使えるおめでとう	69	昇格おめでとう	79
お誕生日に	71	結婚の贈り物に添える言葉	81
クリスマスの贈り物に添える	73	子供の出産祝いに添える言葉	83
入学おめでとう	75	お花に添える言葉	85
卒業おめでとう	77	その他のおめでとう	87

Chapitre 5

ありがとう、ごめんなさい

母の日に	97
旅先でお世話になった人へ	99
ごめんなさい	101
入院している人への見舞状	103
御悔やみ	105

Chapitre 6

実用ファックス＆レター

ホテル問い合わせ	112
年間購読メール・オーダー	115
ファックスでのワインの注文	116
クレーム	118
履歴書	120
求人情報への応募	122
入学案内送付願い	124

Chapitre 7

シネマ、シャンソンの中のラブレター

さよなら子供たち	128
突然炎のごとく	131
髪結いの亭主	134
その他のラブレター	136

Petit Lexique

TUTOYER & VOUVOYER	24
不思議なフランス式愛称	24
曜日と月	40
フランスの暦	42
単語帳 アクセサリー	89
オノマトペや感動詞、掛け声など	106
ひとことフレーズ集	141

mail art 1	26
mail art 2	64
mail art 3	90

Chapitre 1

LA BASE

手紙、カードの基礎体裁

　フレンチ・エクセプションという言葉を聞いたことがありますか？　直訳すれば「フランスの例外」。「フランスは変わったモノや慣習が多い」と、アメリカ人たちが揶揄した言葉です。確かに、フランスでは、本の装丁や、食文化、服飾、映画や恋愛までに至る独自のスタイルやこだわりを持っています。それに対し、フランス人は「世界中がアメリカナイズされたら面白くないじゃないか」と、文化の没個性化を批判しているようですが。もちろん、手紙やカードにもフランスらしさが溢れています。切手のデザイン、結びの言い回し、それにアルファベットや数字に書き方まで……。

papier à lettres / 便箋の配置

① le 8 Mars 2000

② Mr Antoine Klein,
5 rue Arnaud Miqué
33000 Bordeaux

③ à l'attention de :
Mme Garance Dupré
339 rue Saint Martin
75003. Paris

④ Chère Madame,

⑤ Comment vous remercier de la jolie cravate que vous m'avez offerte pour mon anniversaire. Elle ira très bien avec mon costume bleu que je porterai pour le mariage de ma tante Suzette.

⑥ Veuillez agréer chère Madame, l'expression de mes sentiments les meilleurs.

⑦ Antoine Klein

⑧ P.-S. : Je me languis de vous.

① 日 付 け
年月日と、あなたがこの手紙を書いている場所の名前を
入れます。親しい仲間どうしなら
le 08/03/2000 のように年月日を記入しても構いません。

② 差出人の氏名／住所
親しい相手には省略しても構いません。

③ 受取人の氏名／住所
右肩に。敬称は必ずつけます。親しい相手には省略して
も構いません。

④ 書き出し
本書p14〜p19を参照

⑤ 本　文
各章の例文を参照してください

⑥ 結びの言葉
本書p21〜p23を参照
日本の手紙の形式のように、冒頭に季節の挨拶などを入
れず、ズバリ本題に入るかわりに、このような挨拶
(Salutation finale) を文の終わりに入れなければならな
いのがフランス式です。フランス人でもこの部分は苦手
な人が多いようです。

⑦ 署　名
タイプやワープロの場合も、ここだけは手書きで署名し
ます。

⑧ 追　伸
Le post-scriptum の略は、英語式にPSとする人もいま
すが、フランス式は P.-S. です。

enveloppe / 封筒の使い方

Prière de faire
Suivre

Madame Garance Dupré
aux bons soins de :
Monsieur Lemoine
339 Rue Saint Martin
75003 PARIS

confidentiel

Mr Antoine Klein
5 rue Arnaud Miqué
33000 Bordeaux

- 宛名の並べかたは、日本の並べ方とは逆。つまり、名前で始まり、県や国で終わるように書いていきます。

- Monsieur, Madame, Mademoiselle を略してM., Mms, Mlle などとすることがありますが、これはあまり礼儀正しい作法ではないとされているので使うのは避けた方がよいでしょう。

- 「ルブラン様方」の「様方」という表記ですが、これは、chez を用いて、chez Monsieur Leblanc とします。「ルブラン様気付」は、アメリカ式に c/o（care of の意）とする人も多いのですが、正式には aux bons soins を用い、aux bons soins de Monsieur Leblanc のようにしましょう

- Par Avion「航空便」、Confidentiel「親展」、Express/Exprès「速達」、Urgent「至急便」、Recommandé「書留」、Imprimé「印刷物」、prière de ne pas plier「二折厳禁」などは封筒の左下の余白に書き添えます

- 封筒の左上に prière de faire suivre と書いて、アンダーラインを施しておくと郵便物は、相手のヴァカンス先や転居先に転送されます。

écriture / フランス人の筆跡

bonjour Junquo

Paris 30.7 97

v / t

Comment vas-tu là-bas à Tokyo ?
Ici je travaille beaucoup, les décors — r
J avancent, la tête perdue dans des
calculs de temps, les mains dans
le plâtre ... Je songe aux vacances — s
p cet hiver, et imagine un tas
de voyages, ça donne des forces
pour continuer à bosser !
As-tu retrouvé des amis ? J'espère
r que tu profites bien de ton temps,
ici on pense à toi
à très bientôt
bise

ネイティヴの字は読みにくいと思われるかもしれません。
慣れてくれば簡単なのですが、特に癖があり読みにくい
と思われる文字は、「p」「t」「s」「r」「v」などではない
でしょうか。アクセント記号も勢いで違う方向に伸びて
いるものや、形が崩れたものもあります。

bonjour Junquo,
Paris 30. 7 .97
Comment vas-tu là-bas à Tokyo ?
Ici, je travaille beaucoup, les décors
avancent, la tête perdue dans des
calculs de temps, les mains dans
le plaître... Je songe aux vacances
cet hiver et imagine un tas
de voyages, ça donne des forces
pour continuer à bosser !
As-tu retouvé des amis ? J'espère
que tu profites bien de ton temps,
ici on pense à toi
à très bientôt
bise

formules d'appel | 書き出し 1
面識のない人、距離のある人への呼びかけ

1. **Monsieur,** ムッシュウ
   Madame, マダム

2. **Cher Monsieur,** シェール ムッシュウ

   Chère Madame, シェール マダム

3. **Madame, Monsieur ,** マダム、ムッシュウ

   Cher Monsieur, Chère Madame
   シェール ムッシュウ、シェール マダム

英語でいえば[Dear~]にあたる、書き出しの呼びかけです。

1. 面識のない人や、付き合いがあまりない人には、Monsieur, Madame, Mademoiselle と書き出します。女性の場合、相手が未婚であることが確かな場合のみ Mademoiselle を、どちらか分からない場合は Madame を使ってください。

2. 相手を知っていて、交流もある場合には、Monsieur, Madame, Mademoiselle の前に Cher（手紙の相手が男性の場合）, Chère（相手が女性の場合）を付けます。医師には cher Docteur, 先生には cher Professeur とします。

3. 夫妻に呼びかける場合には、上のように記します。Chers Monsieur et Madame としてはいけません。

formules d'appel | **書き出し2**
友人たちへの呼びかけ

1 **Cher ami,** シェーラミ
  Chère amie, シェール アミ

2 **Cher Antoine,** シェール アントワーヌ
  Chère Yoko, シェール ヨーコ

1 友人同士では、Cher ami (相手が男性)、Chère amie (相手が女性) とします。同僚に宛てた手紙ならば、Chère Collègue, (女性の同僚)、Cher Collègue (男性の同僚) となります。

2 さらに、親しい友人どうしでは、Cher Antoine, Chère Yoko, のように名前を用います。この時も cher は、変化しますので、気をつけてください。女性の友人には chère です。お互いによく知っている仲ならば、cher を省いて Antoine, のように、名前だけでも構いません。

formules d'appel | 書き出し3
恋人、近親への呼びかけ

1. **Mon cher Benoît,** モン シェール ブノワ
   Ma chère Marie, マ シェール マリ

2. **Mon chéri,** モン シェリ
   Ma chérie, マ シェリ

3. **Mon amour,** モナムール
   Mon chou, モン シュ

---

1. 恋人どうしや家族同然の親密な仲になれば、Mon cher Benoît, Ma chère Marie のようにcherの前に所有形容詞（手紙を受け取る相手が男ならば mon, 女ならば ma。英語で言うmy にあたる所有形容詞です）を添えます。

2. 「愛しい人」という意味の chéri という言葉も良く使います。女性には chérie です。

3. 「恋人や孫には、あらゆる呼びかけができます（男女とも使えます）。この他、女の子宛ての手紙だったら、Ma poupée,（私のお人形ちゃん）、男の子宛てだったら、Mon poussin, (ひよこちゃん＝おちびちゃん)というような呼びかけも可能です。

―――――――――――― formules finales | 結びの言葉1
面識のない人、距離のある人へ結ぶ言葉

1 **Je vous prie d'agréer, Monsieur, mes salutations distinguées**

ジュ ヴ プリ ダグレ ムッシュウ メ サリュタショォン ディスタンゲ

2 **Je vous prie d'agréer, Madame, l'expression de mes hommages respectueux**

ジュ ヴ プリ ダグレ マダム レクスプレッション ドゥ メ ゾマージュ レスペクチュー

敬具、草々、かしこ……などにあたる末尾の挨拶は日本の伝統的な手紙の書き方と同様に複雑です。大切なことは、文体や内容に釣り合ったものを用いることです。

1 「かしこ」。女性が使える、ごく一般的な末尾の挨拶。

2 男性から女性(あまり面識のない)に宛てる場合。
特に、相手が既婚の場合は、hommages という言葉を入れると紳士的だとされています。

────────── formules finales │ 結びの言葉 2　　友人へ

1　**Bien cordialement à vous**

　ビヤン　コルディアルマン　ア　ヴ

2　**Amicalement**

　アミカルマン

3　**Je t'embrasse**

　ジュ　タンブラッス

4　**Bisou**

　ビズ

1　「あなたに友情を込めて」
2　「友情を込めて」
3　「キスを込めて」
4　「ぶちゅ（キスの擬音語）」

1 は少し距離のある友人に。2〜4 は親しい友人に用いてください。3 の「キスをこめて」という末尾表現は、親しい友人、恋人、家族などの間で使うのであれば、fort（強く）や、affectueusement（親愛の情をこめて）を後ろにつけ、意味合いを強めて使うこともできます。4は、若い人たちの間でカジュアルな手紙などに添えられています。Bisou Bisou と二回重ねても良く用いられます。Bise と綴る場合もあります。

──────── formules finales │ 結びの言葉 3　愛する人へ

1　**Je t'aime**

　　ジュ　テーム

2　**Je t'embrasse partout**

　　ジュ タンブラッス　パフトゥ

3　**Je ne pense qu'à toi**

　　ジュ ヌ パンス カ トワ

1　愛しています
2　君の体中にキスを
3　君のことばかり考えているよ

恋人たちの間では、結びの言葉も、どんな表現も可能です。この他にも、《Avec tout mon amour》「私のすべての愛を込めて」、《mille baisers》「沢山のキスをおくります」、《des baisers, des baisers, des baisers》「キス、キス、キス」なども良く使われています。

tutoyer と vouvoyer
チュトワイエ **ヴヴォワイエ**

　英語ですと、二人称単数の主語は"You"のみですが、フランス語では、"Tu"(チュ)と"Vous"(ヴ)を使います。Tu は、家族や恋人、親友などの身近な間柄の人に使います。学校の先生や、初めて会うような人には Vous を使ってください。

　しかし、最近の世代の傾向としては、慇懃(いんぎん)でスノッブな話しぶりは敬遠されがちで、巷には Tu が氾濫しているようです。スターへのインタビューなどもジャーナリスト達は tutoyer で話しているのをテレビなどでよく見かけます。一般的には、vouvoyerから tutoyer のイニシアティヴは女性がとるものとされているようですが、この習慣も今では崩れているような気がします。

不思議なフランス式愛称

　ただたんに tutoyer する関係以上の親しい存在になると、私達日本人から見るとちょっと不思議な愛称がよく使われます。

　親しい仲なら一人称所有代名詞をつけるだけで、どんな愛称も作れるものだそうです。そのなかでもポピュラーなものをセレクトしてしました。

女性用の愛称

ma biche　マ　ビッシュ　**愛しい人**
ビッシュは、鹿。oeil de biche（切れ長の目）とか、regard de biche（優しいまなざし）という通り、"女鹿"はエレガントな存在のようです。

ma bichette　マ　ビシェット　**可愛い子ちゃん**
ビシェット＝バンビちゃん

ma colombe　マ　コロンブ　**愛しい君**
コロンブ＝エレガントで純粋無垢なイメージの白鳩。幸運のシンボルでもあります。

ma poupée　マ　プペ　**可愛い子ちゃん**
プペ＝人形。主として若い子に使う。

男性用の愛称

mon bibi　モン　ビビ　あなた
ビビ=小さな帽子。

mon petit chat　モン　プティ　シャ　坊や
プティ　シャ=子猫ちゃん。青少年向けの愛称。

mon petit coco　モン　プティ　ココ　坊や
ココ=卵、ココナッツ。これも年上の女性がよく使う。女性形は ma cocotte 「可愛い子ちゃん」

mon chou　モン　シュ　あなた
シュ=キャベツ。女性形は ma choute「おまえ」

mon mimi　モン　ミミ　あなた・ダーリン
ミミ=可愛い人。恋人や子供への呼び掛けに使う

にわとり系愛称

(雄鶏がフランスの象徴だからなのか、
何故かにわとりに関する愛称が揃っています)

mon poussin　モン　プサン　坊や
プサン=ひよこちゃん。幼児(特に男の子)に呼び掛ける愛称

mon poulet　モン　プレ　おまえさん、愛しい人
プレ=若鶏。女性や少年向けの愛称

ma poule　マ　プル　おまえさん
雌鶏。愛情を込めて女性に使う

coq　コック　伊達男
コック=雄鶏。気取っているイメージと精力絶倫のイメージがあるため、あまりポピュラーな愛称ではない。

子供用の愛称　(大人にも使用可です)

mon petit canard　モン　プティ　カナール　かわいい子
プティ　カナール=ちいさなアヒルさん

mon bel ange　モン　ベランジュ　かわいい人
意味は、私の天使ちゃん

mon petit lapin　モン　プティ　ラパン　かわいい子
プティ・ラパン=ウサちゃん

mon mignonnet, ma mignonnette　ちいさくて可愛い子
モン　ミミニョネ, マ　ミニョネット

mon chouchou　モン　シュシュ　私のお気に入りさん
シュシュ=お気に入り

mail art 1

ダダから生まれたアート

　メールアートという言葉を聞いたことがありますか？　「郵便を芸術の媒介にしよう」とハガキや定型封筒の代わりに様々なオブジェを送ることです。メールアーティストたちは皆それぞれに自分の作品のテーマを決めています。作品を受け取った人はそのテーマにそった作品などを返信します。

　創始者はフランス人ダダイスト芸術家、マルセル・デュシャン。20世紀の始め、作品の切れ端などを送ったのがそのはしりだと言われています。メールアートのムーブメントは、未来派、ハプニングやフルクサス、ヴィジュアル・ポエトリーといわれるアーティストたちに継承され、70年から80年にかけて大きく世界中に波及していきました。

　このようにメールアートが世界的に普及したバックグラウンドをみてみますと、ギャラリー等でのコマーシャリズムに強く繋がられた芸術への反発、美術館のアカデミズムな芸術への不信感（政治との癒着問題など）があります。そこで、芸術の純粋性を信じる人たちがメール・アートを楽しむようになっていったのです。要は、芸術のストリート版といったところでしょうか。誰でも気軽に楽しめるデモクラテックな要素がその人気のひとつでしょう。

フランスのサヴォワ県に住む
Bernard CATHELIN さんの作品

イタリアのヴェローナに住むLancillotto
BELLINI さん（メイルアートグループ、
Recycling Art 主宰）の作品。

Chapitre 2

LES VŒUX
季節の挨拶

　「満月には猟奇事件が多い」などと言われますが、季節の移り変わりというものは、わたしたち人間の感情や生理と不思議と密接につながっているものです。フランスでは、五月に出産のピークを迎え、１１月にはもっとも少ないというパターンの曲線グラフが毎年描かれます。そして同様に、死のピークは１月から２月にかけて、結婚は６月の終わりから７月の初めにかけてがピーク。自殺に関しては、春が断然多く、しかも月曜日。季節の始り、一週間の始りといった「再生への不安」が要因なのでしょうか？　その逆に人がユーモラスになるのは光り溢れる７月で、暴力性に目覚めるのは１０〜１１月。暦というものは、意外にも人間科学に沿ってできているものなのですね。

― les vœux | クリスマスの挨拶

1 **Joyeux Noël !**

ジョワユー　ノエル

2 **Je vous souhaite un joyeux Noël et une très bonne année.**

ジュ　ヴスエット アン ジョワユー ノエル エ ユンヌ トレ ボナネ

3 **Joyeux Noël et Meilleurs Vœux de Bonheur**

ジョワユー ノエル エ メイユール　ヴ　ドゥ　ボヌール

1　メリークリスマス !

2　良きクリスマスを。そして、よいお年を。

3　メリークリスマス !　幸せをお祈りします。

フランスでは、2 のように、「クリスマスおめでとう」と「よい年を迎えて下さい」が一緒に書かれた、つまり、年賀状兼クリスマスカードのようなものを多く見かけます。

31

— les vœux | 正月の挨拶

1 **Bonne Année!**

ボナネ

2 **Reçois mes meilleurs vœux pour l'année 2001 !**

ルソワ メ メイユール ヴ ブー ラネ ドゥミラン

3 **Que l'année 2001 te comble de tous les vœux que je forme pour toi !**

ク ラネ ドゥミラン トゥ コンブル ドゥ トゥ レ ヴ ク ジュ フォルム ブー トワ

1 良いお年を！
2 良い2001年をお祈りしています。
3 2001年が君にとって良い年になりますように。

ちょっと畏まった表現をしたい場合には、
次のような文章も使えます。
Je vous présente mes meilleurs voeux à l'occasion de
la nouvelle année et vous prie d'agréer l'expression
de mes sentiments dévoués.

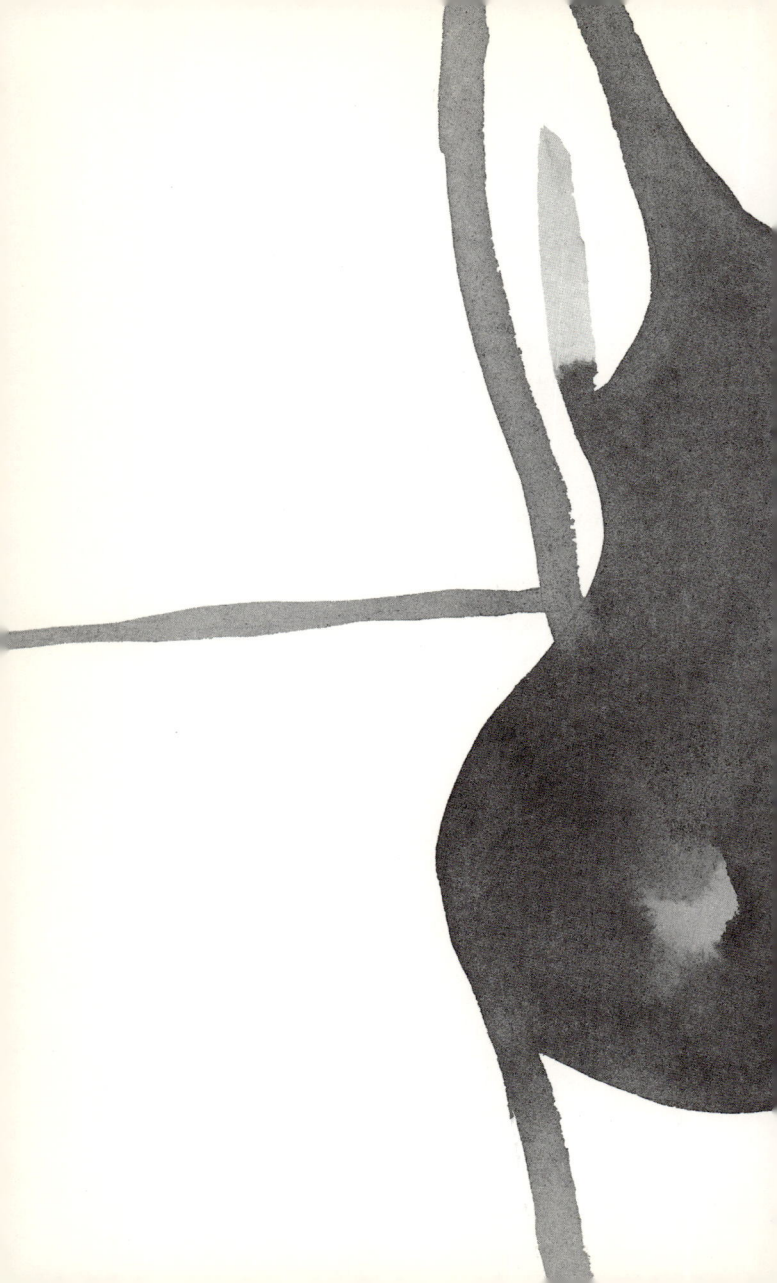

les vœux | 暑中見舞

1. Comment ça va ? Moi, je vais bien malgré la chaleur. Prends soin de toi.

    コマン サヴァ モワ ジュ ヴェ ビヤン マルグレ ラ シャルー プランソワ ドゥ トワ

2. Comment se passent tes vacances ?

    コマンス パッス テ ヴァカンス

3. J'espère que tout va bien pour vous et pour votre famille.

    ジェスペール ク トウヴァビヤン プーヴ エ プー ヴォトル ファミーユ

1. いかがお過ごしですか。私は暑さにも負けず元気です。体に気をつけてね。

2. きみのバカンスはどうですか。

3. あなたも、あなたの家族も皆、お変りないことと存じます。

フランスには、日本の習慣のように、暑中見舞という概念と言葉はありません。しかし、バカンス先からその土地で買ったポストカードなどを友人たちに送り、近況報告をしつつ、相手を想います。
2「あなたがたのバカンスはどうですか」と聞きたい場合は、Comment se passent vos vacances ?

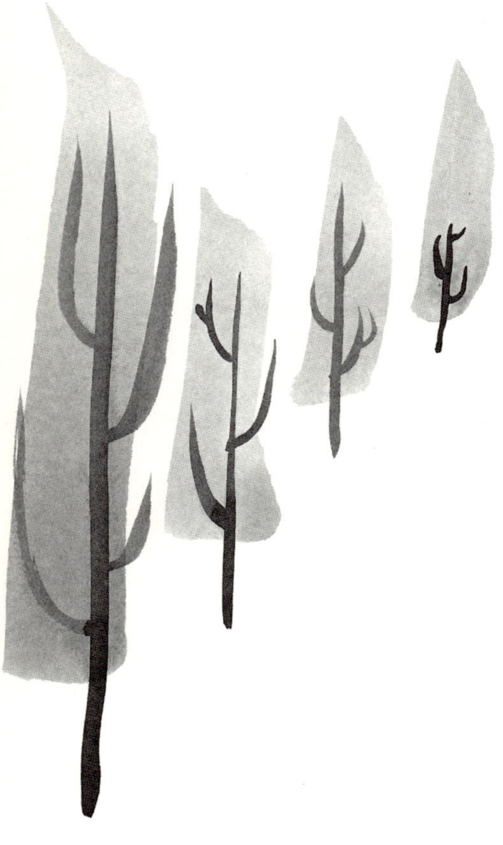

― les vœux ｜ クリスマスや年賀状のお礼

1. **Merci beaucoup pour ton aimable carte de vœux. Je vous adresse les miens pour toi ainsi que pour les tiens.**

    メルシーボク　プートンエマーブル　カルトドゥヴ　ジュヴアドレッス　レ　ミヤン　プートワ　アンシィク　プーレチヤン

2. **Nous vous remercions très vivement pour votre aimable carte de vœux et nous vous envoyons les nôtres bien sincères pour vous et pour votre famille.**

    ヌ　ヴ　ルメルシィオン　トレ　ヴィーヴマン　プール　ヴォトル　エマーブル　カルト　ドゥ　ヴ　エヌ　ヴ　ザンヴォワイヨン　レ　ノートル　ビヤン　サンセール　プー　ヴ　エ　プー　ヴォトル　ファミーユ

1. カードをどうもありがとう。あなたの、そして、あなたの家族の幸福を祈っています。

2. 御丁寧にカードをお送りくださり、感謝しています。私たちも、あなたとあなたの家族の幸せをお祈りします。

上がお友達への返事、下が目上の方への返事になります。

フランス式名刺を作ってみませんか

　フランスにも、名刺はあります。でも、日本のサラリーマンの使う名刺とは、少し違います。
　映画や小説などで、犯人が事件現場に自分の名刺を置いて立ち去るシーンを、見たり読んだりしたことはありませんか？　フランスの名刺は、日本のよりも一回り大きいサイズ（95mm×70mmが一般的）。一言メッセージを添えて花束の中に差し込んだり、パーティの招待状にもなる便利なカードなのです。
　女性の場合、既婚の場合はMadame をつけます。独身の場合は、男性と同様、なにもつけなくても構いません。肩書きをつける場合は、名前の下に入れます。既婚者ならば、夫婦共通のカードを作っておくのが便利です。住所や電話番号を入れ、ビジネスカードを兼ねるパターンも見かけますが、シンプルなものがいちばん素敵です。

主な用途
婚約、結婚、誕生通知。贈り物の添え書き。
パーティー招待状。お悔やみ。

訪ねた人が不在だったときは、封筒に入れて
置いておくのが礼儀です。

PHOTOGRAPHER
Aqui HAMILTON
12 RUE DE DOMINIQUE 12345 PARIS FRANCE
TEL 12 34 56 78　FAX 91 01 23 45

> artiste peintre
> Antoine Courcelle
>
> Vous présente ses très vives félicitations
> et vous prie d'accepter ce modeste
> témoignage de son amitié.
>
> 14, rue de Chéroy - 75017 Paris

[Antoine Courcelle]
vous présente ses très vives félicitations
et vous prie d'accepter ce modeste
témoignage de son amitié.

アントワーヌ・クルセルは、
心からご祝福申し上げます。
このささやかな友情のしるしを
お受けくださるようお願いします。

このように、名刺を使った場合、一人称は三人称になります。それでこの例文は 私の友情 son amitié であっても、彼の友情son amitiéというように書いてあるのです。

曜日と月

週	スメーヌ	semaine
月曜日	ランディ	lundi
火曜日	マルディ	mardi
水曜日	メルクルディ	mercredi
木曜日	ジュディ	jeudi
金曜日	ヴァンドルディ	vendredi
土曜日	サムディ	samedi
日曜日	ディマンシュ	dimanche

月	モワ	mois
一 月	ジャンヴィエ	janvier
二 月	フェヴリエ	février
三 月	マルス	mars
四 月	アヴリール	avril
五 月	メ	mai
六 月	ジュワン	juin
七 月	ジュイエ	juillet
八 月	ウート	août
九 月	セプタンブル	septembre
十 月	オクトーブル	octobre
十一月	ノヴァンブル	novembre
十二月	デサンブル	décembre

祝 日	フェット	fête
今 年	セッタネ	cette année
去 年	ラネ デルニエール	l'année dernière
来 年	ラネ プロシェンヌ	l'année prochaine
今 月	ス ムワ シィ	ce mois-ci
今 週	セット スメーヌ	cette semaine
今 日	オージュルデュイ	aujourd'hui
昨 日	イエール	hier
明 日	ドゥマン	demain

フランスの暦

さり気なくカードや贈り物を送るきっかけにもなります。
カレンダーに書き込んでみたらいかがでしょう。

1月1日
Jour de l'An　ジュール ドゥ ラン　元旦
エトレンヌと呼ばれる心付けをアパートの管理人さん、郵便配達夫、消防士などにあげる日です。

1月6日
Epiphanie　エピファニ　公現祭
またの名は「王様のお祭り」。ソラ豆粒大の陶器人形をひとつだけケーキに隠し、それがあなたのケーキに入っていたら当たり。「王様万歳！」と紙でできた王冠を冠らなければなりません。この風習は毎年、家や身内だけでなく、会社やエリゼ宮でも行われているそう。

毎年異なります
Carnaval　カルナヴァル　謝肉祭

毎年異なります
Mardi Gras　マルディグラ　謝肉祭の火曜日

2月14日
Fête de la Saint-Valentin　　バレンタインデー
フェット ドゥ ラ サン ヴァランタン

3月21日頃
Equinoxe de printemps　春分の日
エキノクス ドゥ プランタン

4月1日
Le premier avril　エイプリル・フール
ル プルミエ アヴリール
子供たちにとっては「poisson d'avril ポワッソン ダヴリール」と呼ばれる魚のかたちに切り取った紙を大人の背中に張り付けて遊ぶ日です。

(春分後の最初の満月の次にくる日曜日)
Pâques　パック　復活祭
卵形のチョコレートや、雌鶏、ウサギの形のチュコレートがパン屋さんやスーパーなどで売られます。この日に食べる夕食は、羊のもも肉です。

(復活祭のあとの6回目の木曜日)
Ascension　アサンシォン　キリスト昇天祭
キリスト復活の後の昇天日。

(復活祭後の第七月曜日)
Pentecôte　パントコート　精霊降臨祭

5月1日頃
Fête du Travail　フェット　デュ　トラヴァイユ　メーデー
スズラン売りが街に溢れます。

6月22日頃
Solstice d'été　ソルスティス　デテ　夏至

7月14日
Quatorze Juillet　キャトールズ　ジュイエ　革命記念日
この日に付きものなのは、花火。一日中花火で祝い、
ダンス・パーティーなどが各地で行われます。

8月15日
Assomption　アソンプシォン　聖母被昇天祭

9月23日頃
Equinoxe d'automne　エキノクス　ドトンヌ　秋分の日

11月1日〜
Toussaint　トゥッサン　万聖節
死者のお祭り。お盆のようなもの。2日には、お墓参りに行き、
菊の花を飾る風習があります。

11月11日
Armistice　アルミティス　休戦記念日

11月25日頃
La Sainte-Catherine　ラ　サン　カトリーヌ　サンカトリーヌ祭
25歳を過ぎてもお嫁にいけない女子が帽子を冠ってお祝をする
日。帽子は自分で飾り付けをします。

12月23日
Solstice d'hiver　ソルスティス　ディヴェール　冬至

12月25日
Noël　ノエル
クリスマスフォワグラ、スモークサーモン、キャビア、カキ、栗入
り七面鳥のファルシなどが食卓に並びます。デザートはフランスで
はストロベリー・ショートではなく、「ビュッシュ」と呼ばれる丸太
の形のもの。南フランスでは「レ　トレーズ　デセール」と呼ばれ
るドライフルーツをあしらったものを食べます。スイスのように、
サンタクロースがくるのは、この日ではなく、12月6日のサン・ニコ
ラの日という地方もあるようです。

PRINTEMPS

(共和暦)

germinal　ジェルミナル　芽月

floréal　フロレアル　花月

prairial　プレリアル　草月

(季語)

ensoleillé　アンソレイエ　陽の差した

épanoui　エパヌイ　晴れやかな

fleurs　フルール　花

bouton　ブトン　蕾

bourgeon　ブルジョン　芽

verdure　ヴェルデュール　緑

pépiement　ペピマン　さえずり

dégel　デジェル　雪解け

ETE

（共和暦）

messidor メシドール 収穫月

thermidor テルミドール 熱月

fructidor フリュクティドール 実月

（季語）

soleil ソレイユ 太陽

orage オラージュ 雷雨

vacances ヴァカンス バカンス

plage プラージュ 浜辺

bronzage ブロンザージュ 日焼け

olive オリーヴ オリーブ

tournesol トルヌソル ひまわり

pastèque パステーク すいか

cigale シガール 蟬

AUTOMNE

(共和暦)

vendémiaire　ヴァンデミエール　葡萄月

brumaire　ブリュメール　霧月

frimaire　フリメール　霜月

(季語)

doré　ドレ　黄金の

riche　リッシュ　豊かな

chute des feuilles　シュット デ フィユ　落ち葉

feuille morte　フィユ モルト　枯葉

arrière - saison　アリエールセゾン　晩秋

chrysanthème　クリザンテーム　菊の花

châtaigne　シャテーニュ　栗

champignon　シャンピニョン　きのこ

HIVER

（共和暦）

nivôse　ニヴォーズ　雪月

pluviôse　プリュヴィオーズ　雨月

ventôse　ヴァントーズ　風月

（季語）

neige　ネージュ　雪

givre　ジヴル　霜

frimas　フィマ　霧氷

vague de froid　ヴァーグ ドゥ フォワ　寒波

hibernation　イベルナシィオン　冬眠

houx　ゥ　ひいらぎ

huître　ユィットル　牡蠣

dinde　ダンド　七面鳥

marrons chauds　マロン ショ　焼き栗

Chapitre 3

FAIRE-PART

お知らせ

「結婚します」「お店をオープンします」「展覧会を開きます」といったお知らせカードをfaire-partと呼びます。こんなfaire-partのカードには、パーティやヴェルニサージュ*などがつきもの。人が集まれば、マナーも必要になってきます。日本人がよく間違えるのは、Merci の使い方。ワインを飲みますか?「Vous voulez du vin ?」などと聞かれて「ありがとう、いただきます」と言いたいところを「Merci!」と言ってしまうと「ノー」の意味になってしまうのです。ハイ、と返事をしたい場合は、「Oui, merci」「Volontiers」「Avec plaisir」「Je veux bien」などと答えてください。

*vernissage 展覧会などの特別招待パーティー

Makiko TAKAHASHI
a l'honneur de vous faire part de sa nouvelle

adresse :

2-5X-9 , Seijo, Setagaya-ku, Tokyo

téléphone : +81.3.56.XX.89.XX.

le 22 Novembre 2000

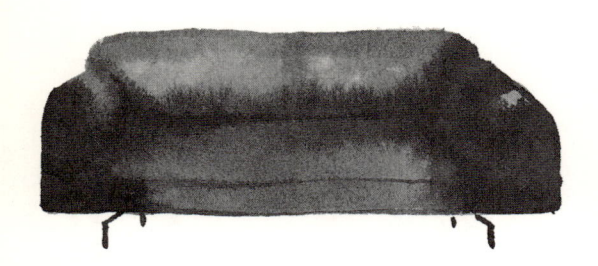

faire-part | 引っ越しました

タカハシマキコは、このたび、
下記に転居しましたのでご通知申し上げます

東京都世田谷区成城2-5X-9
電話　03-5XXX-89XX
2000年11月22日

下のようなパターンもあります。
次のような文章も使えます。

Je vous prie de bien vouloir noter
mon changement d'adresse.
ancienne adresse :
12, rue Guillaume-Bertrand, 75011 Paris
nouvelle adresse (à partir du 20 Novembre 2000):
2-5X-9 , Seijo, Setagaya-ku, Tokyo, JAPON

2000年11月20日より、住所が次のように変わりますので
お知らせいたします
旧住所：パリ市11区ギヨーム・ベルトラン通り12番
新住所：東京都世田谷区東京都世田谷成城2-5X-9

Marcel CHEVALIER et Anita COLOMBE

ont la joie de vous annoncer

leur mariage.

la cérémonie religeuse a eu lieu le 1er juin 2001

à St-Etienne.

33, rue de Girard, 33000 Bordeaux

---

faire-part | 結婚しました

マルセル・シュヴァリエとアニタ・コロンブは、
謹んで結婚のご通知を申し上げます
結婚式は2001年6月1日に
サン＝テチエンヌにて行われました
33, rue de Girard, 33000 Bordeaux
（新居の住所を記す）

まだ結婚式が行われていなければ、最後の一文の動詞（a eu lieu ）を、aura lieu にします。フランスの伝統的な結婚通知は、新郎新婦の双方の両親が連名で綴るものですが、上の例文のように本人から友人たちに告知するカードが、最近、若い人たちの間で増えてきて主流になりつつあるようです。

Julien QUENTIN

a la joie de vous annoncer son arrivee
chez ses parents Raymond et Dominique,,,,,
le 15 octobre 2000

faire-part | 赤ちゃん誕生

Julien Quentin a la joie de vous annoncer son arrivée chez ses parents , Raymond et Dominique ...... le 15 octobre 2000

<small>ジュリアン カンタン ア ラ ジュワ ドゥ ヴ ザノンセ
ソナリヴェ シェ セ パラン レイモン エ ドミニック</small>

僕、ジュリアン・カンタンは、
2000年10月15日に、
レイモンとドミニックの家にやってきました。

赤ちゃん本人からのお知らせカードです。

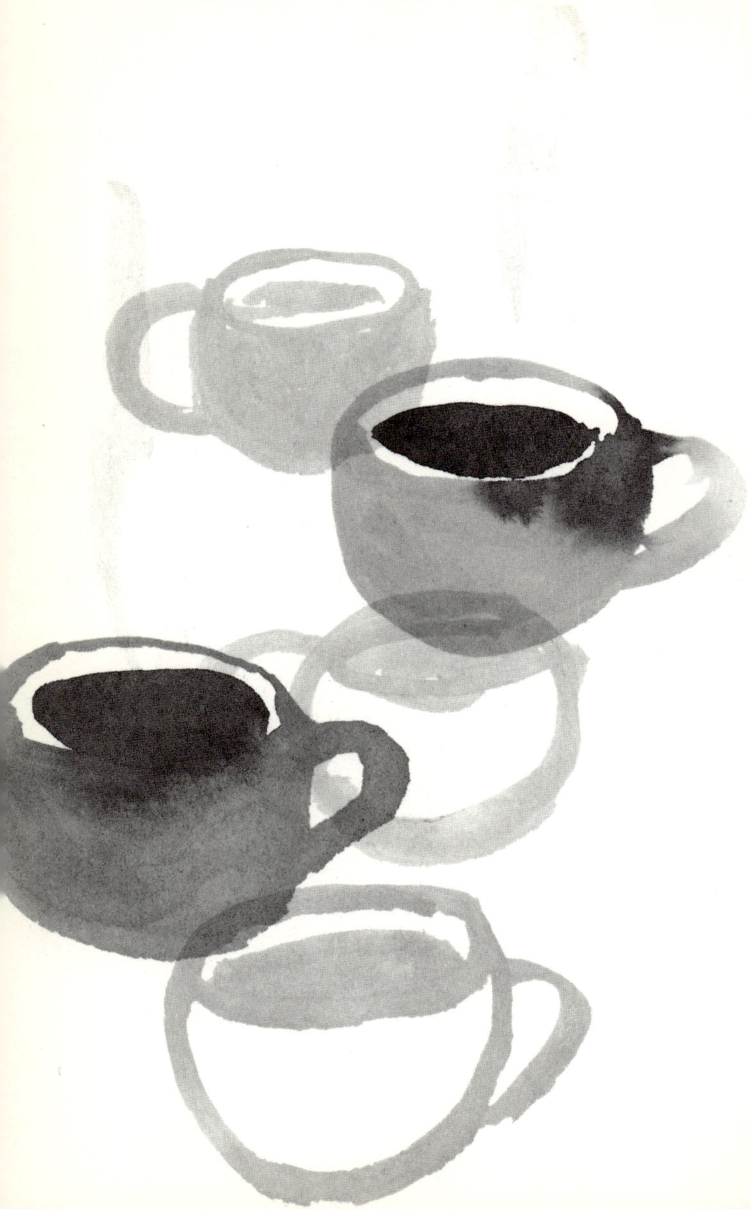

faire-part | 開店のお知らせ

Le Café "Bergerac"
ouvrira ses portes le 1er juillet 2000.
Toute l'equipe du Café vous attendra...

ル カフェ　ベルジュラック
ウヴリラ セ ポルト ル プルミエ ジュイエ ドゥミル
トゥト レキップ デュ カフェ ヴ アタンドラ

カフェ「ベルジュラック」は、
２０００年７月１日にオープンします。
スタッフ一同、皆様のお越しをお待ちしており
ます。

こんな文もよく見かけます。
La Boutique Nikita va fêter son
cinquième anniversaire.
Soldes exceptionnels du 5 au 8 Septembre
ブティック「ニキータ」の五周年を記念し、
9／5〜9／8特別セール開催。

HAMIRU AKI
L'ENTITE
CHIMERIQUE

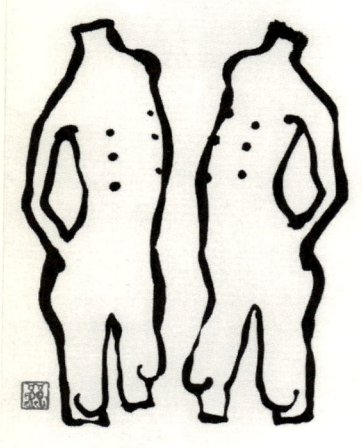

la Galerie Kouki

faire-part | 展覧会のお知らせ

La Galerie Kouki présente
L'ENTITE CHIMERIQUE
Exposition des Œuvres Calligraphiques de
HAMIRU AKI
à la Galerie Kouki
Vernissage   le 6 Septembre à 18h

ラ　ギャルリ　クキ　プレザント
ランティテ　シメリック
エクスポジション　デ　ズーヴル　カリグラフィック　ドゥ　ハミル　アキ
ア　ラ　ギャルリ　クキ
ヴェルニサージュ　ル　シィス　セプタンブル　ア　ディズユイトゥール

ギャラリー九鬼主催
「空想の産物」
ハミル・アキ書道展
9／6〜9／30（11時〜１８時）
ギャラリー九鬼にて
レセプション・パーティー：９月６日１８時から

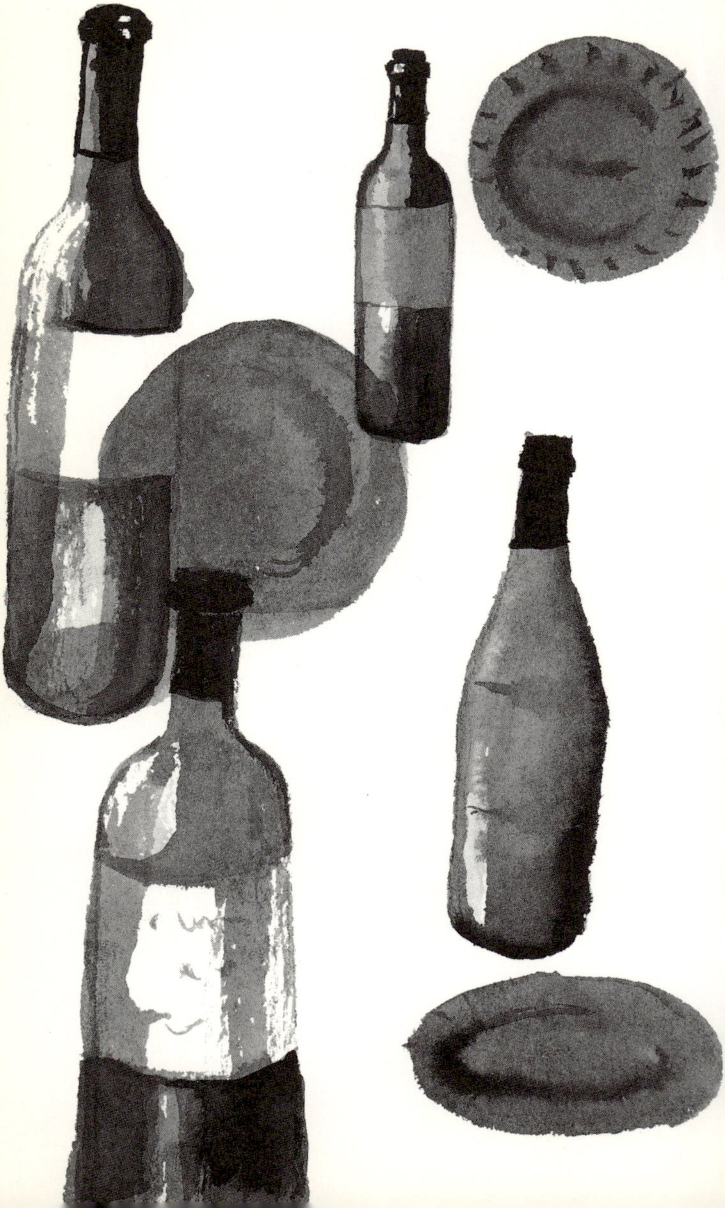

invitations | 招待状

**Monsieur et Madame LACHAUD
vous prient de leur faire l'honneur
de venir dîner chez eux
le vendredi 15 Juillet à 20 heures.
7, rue l'Estrapade, Paris 5
R.S.V.P.**

ムッシュウ エ マダム ラショー
ヴ プリ ドゥ ルール フェール ロヌール
ドゥ ヴニール ディネ シェズー
ル ヴァンドルディ キャーンズ ジュイエ ア ヴァントゥール

「ラショー夫妻は謹んであなたを７月１５日の
金曜２０時の晩餐に招待したいと思っています」

フォーマルな招待では、上のような招待カード
(Carton d'invitation) が１０日ほど前に届きます。
もうちょっと砕けたパーティーですと、
《Nous aimerions vous inviter à dîner à la maison le
vendredi 15 vers 20h.》と、言い方もカジュアルになります。
R.S.V.P.=répondez s'il vous plaît / réservez s'il vous
plaît 「お返事ください」とあったら行けるか行けないか
できるだけ早い返事をしなくてはなりません。

──────── invitations │ 招待状の返事　ouiの場合

> # Monsieur et Madame Joy
>
> *vous remercient de votre invitation*
> *à laquelle ils auront le plaisir*
> *et l'honneur de se rendre.*
>
> 29, Av. de la République, Paris 3

[Monsieur et Madame Joy]
vous remerciant de votre invitation
à laquelle ils auront le plaisir
et l'honneur de se rendre.

《ジョワ夫妻は》
あなたがたの招待を
感謝し、喜び、謹んでお伺いいたします。

フォーマルな名刺を使った例を取りあげてみました。
avoir le plaisir de ＋ 不定詞 「～することを喜びとする」
（挨拶などの常套句）
avoir l'honneur de ＋ 不定詞 「謹んで～する」
もう少しカジュアルにしたい場合は、《C'est avec grand
plaisir que nous acceptons votre invitation.》
などが適切でしょう。

―――― invitations │ 招待状の返事　nonの場合

> **Monsieur et Madame Joy**
> 09/07/99
> étant malheureusement pris par des
> engagements antérieurs, regrettant
> de ne pouvoir accepter
> votre aimable invitation.
> 29, Av. de la République, Paris 3

[Monsieur et Madame Joy]
étant malheureusement pris par des
engagements anérieurs, regrettant
de ne pouvoir accepter
votre aimable invitation
《ジョワ夫妻は》
あいにく、先約があり、御招待は残念ながら
お受けできないことを悔やんでおります。

Malheureusement 「あいにく」
regretter 「残念に思う」
engagements anteriers 「先約」
《Je regrette sincerement, mais cela m'est impossible
.... pour des raisons familiales / à cause de mon
état de santé》
「本当に残念なのですが、無理そうです……内輪の用事が
ありまして／私の健康状態のせいで」

63

mail art 2

日本のメールアートグループ「SORA（空）」

　日本のメール・アーティストの草分け的存在といえば、芸術家の嶋本昭三氏。86年にパリのジョルジュ・ポンピドーセンターにおける「日本の前衛展」に招待され、アール・ブリュ系芸術家と称された人です。

　このような素晴らしい大家がいる一方で、残念ながら日本でのメールアートの知名度はまだまだ低いようです。

　そんな中、グループ「SORA（空）」は、6年ほど前から東京を拠点にユニークな活動を続けています。
「メールアートは世界中にネットワークがあります。私たちはフランス語の練習のためにフランス語圏の人々を中心に5年前からメールアートを始めました。現在、女性3人が毎週1回集まって、食事をしながらメールアートの作品作りに励んでいます」（メンバーのシエコさん、ミキさん）

　彼女たちの作品は、「SORA（空）」というグループ名にふさわしく、空をテーマにしたもの、日本特有のもの、干支をテーマにしたものなどがあり、それぞれが女性らしく繊細な手作り郵便物になっています（写真参照）。

　また、SORAのホームページでは、世界中から届いた作品を「小さなギャラリー」と題して紹介しています。世界中のメールアートグループのホームページリンクも張ってあるので、ぜひ一度覗いてみてください。
http://www.artpostal.net/

封筒に忍ばせるためのオリジナル匂い袋。
虎年に一枚一枚手作りしたそうです。

ミレニアム・カレンダー。
木と紙で作られていて、日本の古き良き
住居の気配が伝わってくるオブジェ。
障子戸から青い空が見えます。

Chapitre 4

FELICITATIONS!

おめでとう

　フランスでも「糞を踏むと運があがる」(しかし、左足で……)といわれています。日本人や中国人ほどではないにしろ、多少は縁起をかついだりすることもあるのです。とくに、「はさみやナイフ、針のついたものは"切れるもの"だから贈ってはいけない」といったような贈り物に関するタブーは、案外と根強く残っています。

　逆に縁起がいいものは、四葉のクローバー、てんとう虫の飛んでいる姿、虹、海兵のベレー帽についている赤い玉房 (ポンポン) など。手紙の余白に小さくイラストを描いてみるのもいいアイディアですね。

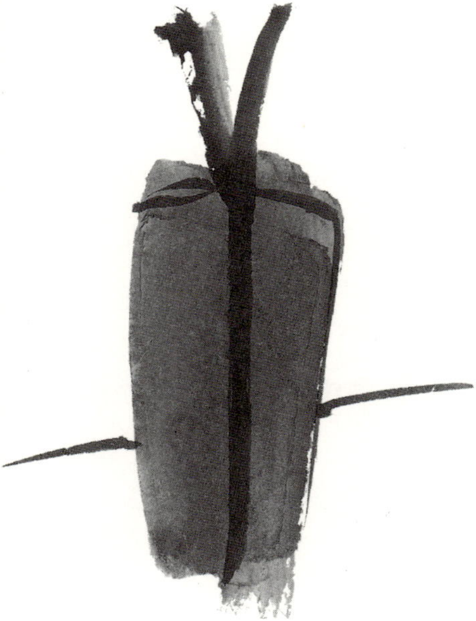

────────── félicitations ! | いつでも使えるおめでとう

1　**Permettez-moi de vous féliciter.**
　　ペルメテ　モワ　ドゥ　ヴ　フェリシテ

2　**Je vous adresse mes bien sincères félicitations.**
　　ジュ　ヴ　ザドレッス　メ　ビヤン　サンセール　フェリシタシィオン

1　あなたにおめでとうと言わせてください

2　心からのお祝いを申し上げます

1の言葉を親友や年下に送る場合は、
《Permets-moi de te féliciter.》
2を夫婦など2人以上の複数で送る時は、
《Nous vous adressons nos vives félicitations.》

69

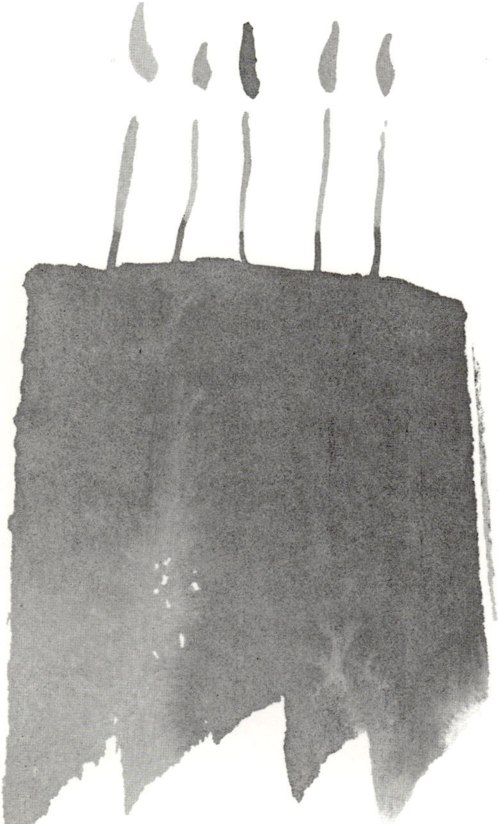

félicitations ! | お誕生日に

1 Bon anniversaire !

ボナニヴェルセール

2 Avec tous mes voeux pour une 26ème année enrichissante et heureuse

アヴェック トゥ メ ヴ プーユンヌ ヴァンシージエーマネ アンリシサント エ トゥールーズ

1 お誕生日おめでとう。

2 きみの25歳の誕生日に。実り多き幸ある年であれ。
   (25歳なので、26回目の年を迎えることに注意)

anniversaireは、記念日、誕生日という意味です。
バースデーケーキは gâteau d'anniversaire.
お誕生日会は、fête d'anniversaire.
結婚記念日ならば、anniversaire de mariageです。
《 Pour notre 10ème anniversaire de mariage 》
私たちの10回目の結婚記念日を祝って。

71

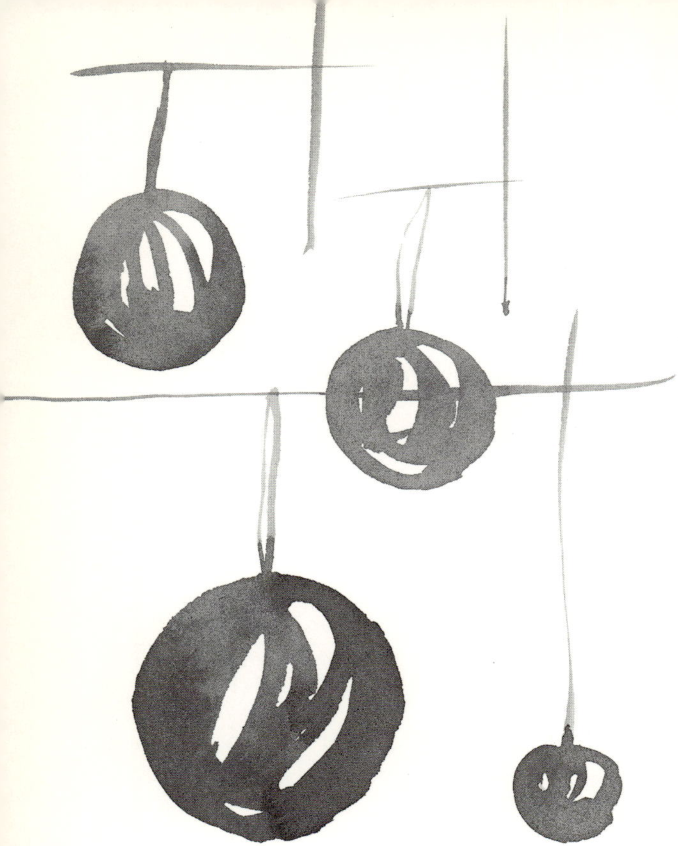

———————— félicitations ! | クリスマスの贈り物に添える

1 **Pour te souhaiter un joyeux Noël.**
プートゥスエテ アン ジョワユー ノエル

2 **Avec tous mes voeux de joyeux Noël.**
アヴェック トゥ メ ヴ ドゥ ジョワユー ノエル

1 「良きクリスマスを祝って君に」

2 「良きクリスマスを。祈りを込めて」

フランスでは、クリスマスは家族で過ごし、夕食をゆっくりと食べ終えた後のデザート・タイム（たいてい、深夜0時を回っている……）にプレゼント交換をします。ちなみに、統計によれば、フランスの子供は、平均2万4千円（！）ものクリスマスプレゼントを毎年もらっているそうです。

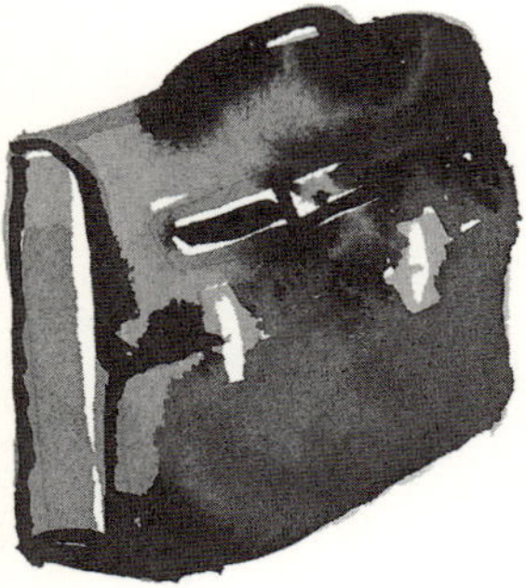

―――――――――― félicitations！ | 入学おめでとう

C'est avec une grande joie que j'apprends que vous avez été admis(e) a l'Université ooo. Espérant avoir le plaisir de vous renouveler mes félicitations de vive voix.....

セ アヴェッキュンヌ グランド ジュワ ク ジャプラン ク ヴザヴェ エテ アドミ（ズ） アリュニヴェルシテ エスペラン タヴォワール ル プレジール ドゥ ヴ ルヌヴレ メフェリシタシィオン ドゥ ヴィーヴ ヴォワ

「あなたがooo大学に合格されたことを知りました。直接お目にかかってお祝いを申し上げる機会を待ち望みつつ...」

友人や、年下に送るカードなら、
《J'ai appris que tu as été admis(e).
 Permets-moi de te féliciter.》
「合格したようだね。おめでとうといわせてください」
で結構です。 入学する人が女性ならばカッコの中のeをつけて admise になります。

75

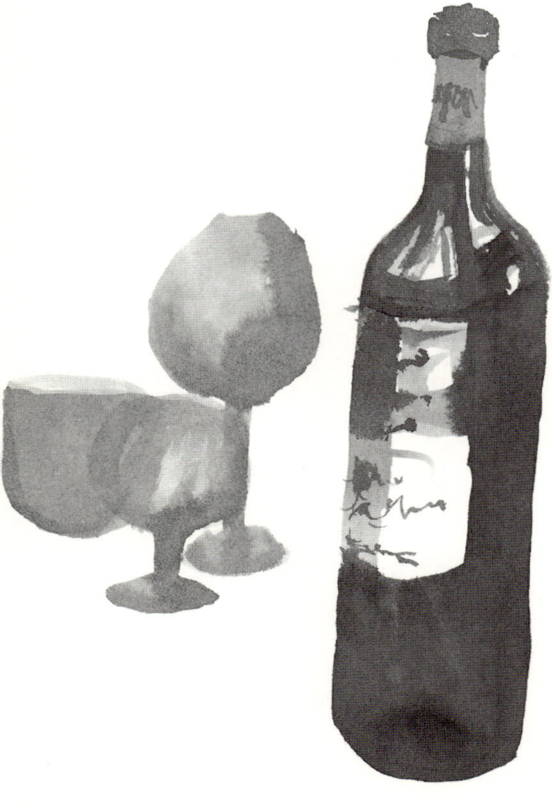

félicitations ! | 卒業おめでとう

1 **Je félicite le nouveau licencié et lui souhaite un heureux avenir.**

ジュ フェリシット ル ヌーヴォー リサンシィエ エ リュイ スエット アヌールゥザヴニール

2 **Je félicite le nouveau bachelier et lui souhaite un heureux avenir.**

ジュ フェリシット ル ヌーヴォー バシュリエ エ リュイ スエット アヌールゥザヴニール

1 大学卒業おめでとう。幸多き将来を祈ります。

2 高校卒業おめでとう。幸多き将来を祈ります。

1の場合、女性に向ける時は、la nouvelle licenciée に。
2は、女性に向ける場合、la nouvelle bachelière になりますのでご注意。
licencié とは学士。bachelier とは高等学校を終了した資格をもつ者。

77

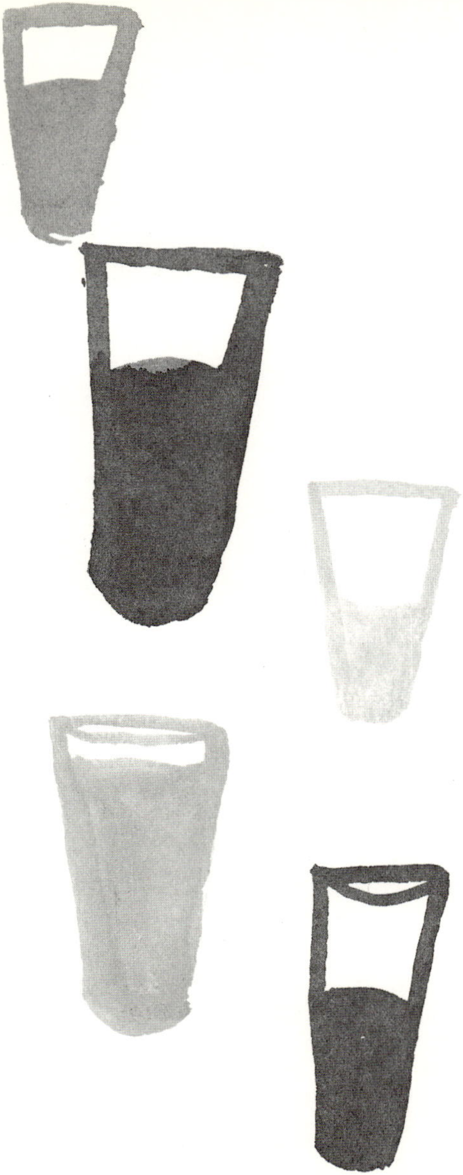

félicitations ! | 昇格おめでとう

Votre nomination au poste de directeur
nous a fait très plaisir.
Nous vous présentons nos compliments
bien sincères .

ヴォトル　ノミナシォン　オ　ポスト　ドゥ　ディレクトゥール　ヌ　ザ　フェ　トレ　プ
レジール　ヌ　ヴ　プレザントン　ノ　コンプリマン　ビヤン　サンセール

「部長に就任されたことを、
　大変お喜び申し上げます」
（複数で出す場合）

会社の仲間たちで祝う場合は、上の文章ですが、
個人で出す場合は、次のような文章も使えます。
《Votre nomination au poste de directeur m'a fait
　très plaisir. Je vous présente mes compliments 》
下線は下の言葉に応用して置き換えられます。
au poste de directeur（女性なら directrice）部長に
au poste de chef de service 係長、課長に
au poste de professeur 教授、講師に

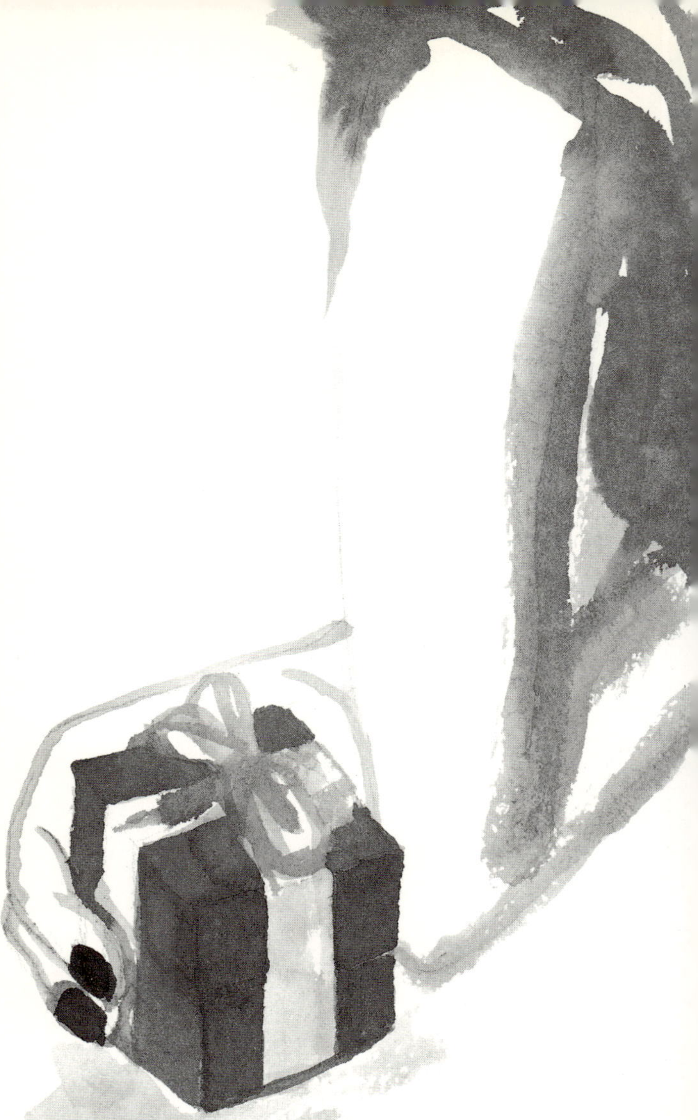

―――――― félicitations !　│　結婚の贈り物に添える言葉

1　**En vous souhaitant, à tous les deux, de longues années de bonheur.**

アン ヴ スエタン ア トゥ レ ドゥ ドゥ ロング ザネ ドゥ ボヌール

2　**Je me permets de vous envoyer mon petit cadeau pour votre mariage.**

ジュ ム ペルメ ドゥ ヴ ザンヴォワイエ モン プティ カドー プー ヴォトル マリアージュ

1　あなたたちふたりの末永き幸せを願いつつ

2　あなたたちの結婚を祝ってささやかな
　　プレゼントを贈らせてください

　フランスでは、結婚式は2種類あります。まず、市民結婚。これは、市役所などで市長や市長代理人の前で小人数で行うもの。家族手帳が市町村から付与されます。そして、教会などで行う宗教結婚。こちらは、義務ではないので若者の間ではしないで済ます人も増えています。
　親しい人の結婚ならば、贈り物は、あらかじめ何が欲しいかを聞いておきましょう。気持ち程度のものならば、2のフレーズで。

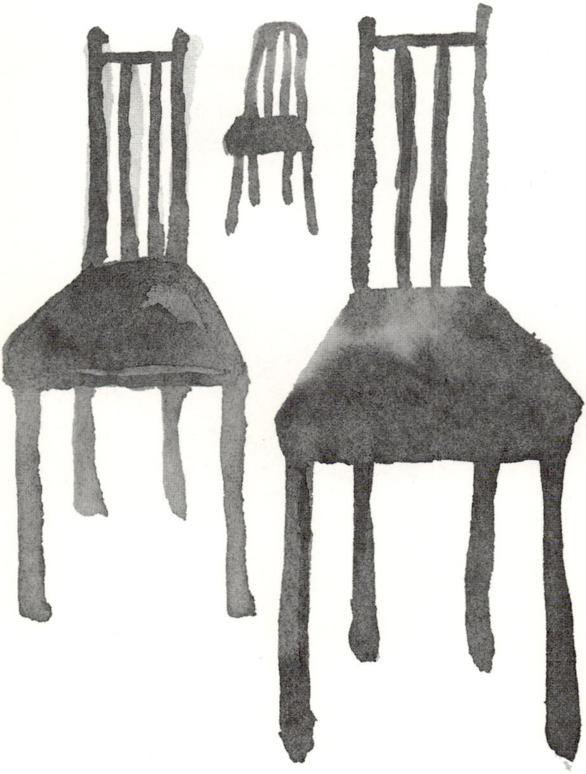

———— félicitations !｜子供の出産祝いに添える言葉

1 **A Marie, pour lui souhaiter la bienvenue.....**

ア マリ プーリュイ スエテ ラ ビヤンヴニュ

2 **Nous vous adressons nos plus vives félicitations et nos voeux de bonheur et de santé pour tous trois.**

ヌ ヴ ザドレッソン ノ プリュ ヴィーヴ フェリシタション エ

ノ ヴ ドゥ ボヌール エ ドゥ サンテ プー トゥ トワ

1 「私たちはとても喜んで、あなたがた3人の幸せを祈ります。私たちの友情のしるしとして、ささやかな贈り物を受け取ってください」

　　2 は、初めての子が生まれた夫婦に向け、夫婦がふたりで贈る言葉です。独身者が贈る場合は、次のような文章も使えます。
《Je vous adresse mes plus vives félicitations et mes voeux de bonheur et de santé pour tous trois. Je vous prie d'accepter ce modeste témoignage de mon amitié.》
　2人目の赤ちゃんならば、最後の pour tous trois を pour tous quatre としてください。
　3人目なら pour tous cinq です。

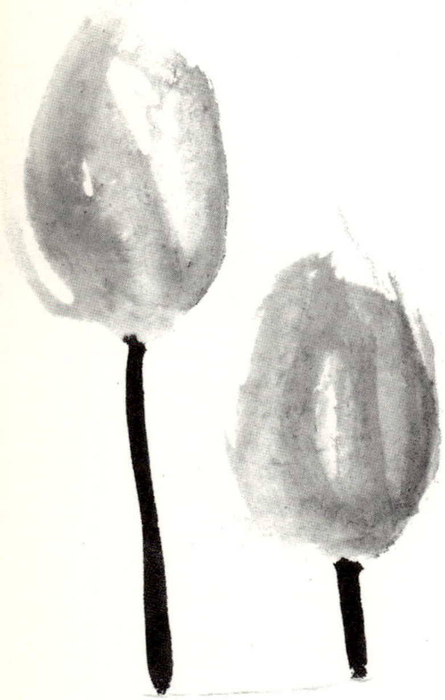

———————————————— félicitations !　│　お花に添える言葉

Ces fleurs avec mon meilleur souvenir.

セ　フルール　アヴェク　モン　メイユール　スーヴニール

ちょっとした気持をこめて、この花を贈ります。

お花が一本だったら次のような文章も使えます。
《Cette fleur avec mon meilleur souvenir.》
花束は、bouquet de fleurs
　　　　　　ブケ ド フルール
植木鉢は、pot de fleurs 。
　　　　　　ポ ド フルール
フランスでは、菊とカーネーションは贈り物にはタブー。
黄色い花も不貞を意味してしまうそうなので避けたほうがベターです。

Petit Lexique

muguet(m) ミュゲ 鈴蘭

フランスには5月1日のメーデーに鈴蘭を知人に贈る習慣があります。贈られた人は幸せになれると言われています。そのほか、muguetには、「伊達男」という意味も。

rose（f） ローズ 薔薇

同じ綴りで男性名詞ですと、「ピンク色、バラ色」という意味になります。とげのないバラはない "Pas de roses sans épines " は、フランスでは「人生、楽あれば苦あり」という諺になります。

lis, lys (m) リス 白百合

気品ある百合は、御存じ、フランス王家の紋章。
また、同時に罪人の印でもありました。罪人の肩に押した烙印が百合の花の形だったのです。

mは男性名詞、fは女性名詞です。

85

86

———————————— félicitations !　│　その他のおめでとう

- 餞別の品に添える

    En vous souhaitant un
    agréable voyage...
    アン ヴ スエタン アナグレアブル ヴォヤージュ
    よき旅を祈って...

- イースターに卵の形の
  チョコレートや砂糖菓子とともに

    Joyeuses Pâques !
    ジョワユーズ パック
    復活祭おめでとう

- 機会を選ばず、いつでも使えるフレーズ

    Avec toutes mes amitiés.
    アヴェック トゥット メ ザミティエ
    私の友情のすべてを込めて

- バレンタインデーに

    Pour notre souvenir de
    Saint-Valentin...
    プー ノートル スーヴニール ドゥ サンヴァランタン
    私たちのバレンタインデーの記念に

    Avec mon amour
    アヴェック モナムール
    私の愛を込めて

    Pour mon amour
    プーモナムール
    私の大切な人へ

恋人の日である2月14日バレンタインデーは、もとはアングロサクソンの風習です。今ではフランスでも普及し、恋人が一緒に過ごしたり、ささやかなプレゼントを交換したりしています。

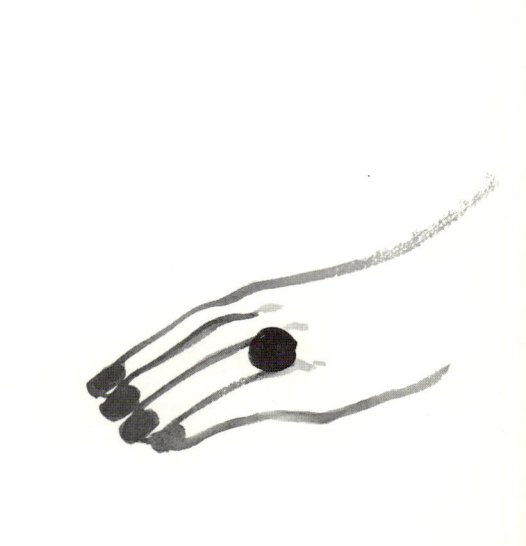

単語張 BIJOUTERIE（ビジュトゥリ） アクセサリー

collier コリエ ネックレス m.

bracelet ブラスレ ブレスレット m.

broche ブロッシュ ブローチ f.

pendantif パンダンティフ ペンダント m.

boucles d'oreilles ブークルドレイユ イヤリング f.

bague バーグ 石付指輪 f.

anneau アノー 石のない指輪 m.

sac à main サッカマン ハンドバッグ m.

ceinture サンチュール ベルト f.

canne カンヌ ステッキ f.

parapluie パラプリュイ 傘 m.

écharpe エシャルプ スカーフ f.

chapeau シャポー (縁のあるもの) m.

bonnet ボネ（縁なし帽）m.

casquette カスケット（庇つきキャップ）f.

mail art 3

Michel JULLIARD さんの作品

　写真上2点は、東京のメールアートグループ、SORAの皆さんと交友しているフランスのメール・アーティスト、ミッシェル・ジュリヤールさんの作品です。ジュリヤールさんは、ブッシュ・デュ・ローヌ県に住む画家で、子供やハンディキャップのある子たちに絵を教えるワークショップを催しているそうです。

Jean-Jacques DORNE さんの作品

　トゥールーズに住むドルヌさんは、「Art Surprise, Prise Sur Art」という美術グループを作りました。果物のカゴや箱をメールアートのテーマにしています。

なんと、年賀状。キャンバス布が巻いてあり、それを引き出して読むという絵巻風レター。

黒いペンキで塗った封筒には羽やレース、ビーズがあしらわれています。

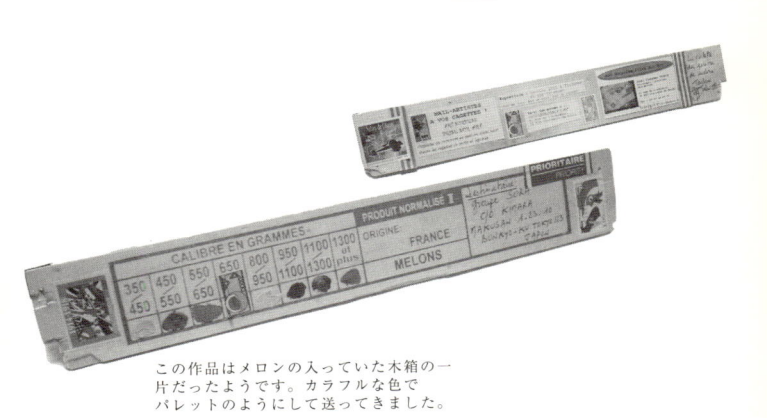

この作品はメロンの入っていた木箱の一片だったようです。カラフルな色でパレットのようにして送ってきました。

mail art

故 RAY JOHNSON
(1927-1995) 氏の作品

「メールアートの父」と呼ばれているレイ・ジョンソンは、ポップ・アートの先駆者でもあった偉大なアーティスト。彼は、New York Correspondence School という名のグローバル・ポスト・パフォーマンス・グループを作り、何度かメールアート展を開きました。今でも彼の遺志はお弟子さんたちによって受け継がれています。

http://www.artpool.hu/Ray/RJ_links.htlm

故 Edgardo Antonio VIGO
（1927 - 1997）氏の作品

詩人、画家、そしてメールアーティストとして有名なヴィゴさんは、アルゼンチン人。ブラジルで発祥し、60年代以降世界的なムーブメントになったコンクリート・ポエム（具体詩）の流れを組む、ヴィジュアル・ポエット（映像詩人）。この作品は96年の暮れのもので、亡くなられる直前の作品だったようです。

http://www.thing.net/~grist/l&d/vigo/vigo01.htm

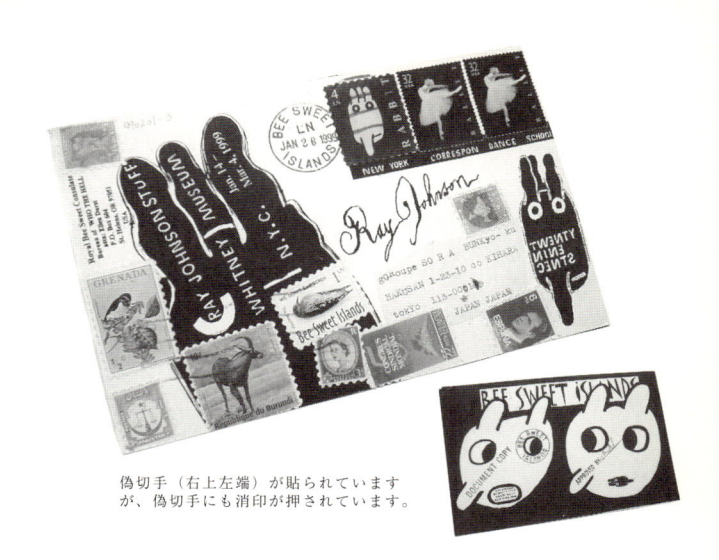

偽切手（右上左端）が貼られています
が、偽切手にも消印が押されています。

ラテンアメリカならではの詩情に溢れる
作品。テーマは「SORA(空)」。

Chapitre 5

MERCI ET PARDON

ありがとう、ごめんなさいetc...

「ありがとう」は Merci ですね。ただ、「メルシィ」と素っ気なくいうだけでは淡白すぎて気持ちが伝わらないかもしれません。Merci beaucoup や Merci bien でもいいのですが、メルシーを千回言うつもりで Merci mille fois と言えば、「本当にありがとう」というニュアンスが伝わると思います。

　また、何に対して感謝しているのかを伝えたい場合、前置詞の de や pour を使います。例えば、「プレゼントありがとう」ならMerci de votre cadeau. 「いろいろありがとう」ならば、Merci pour tout. です。

> Je t'aime
> tellement
> plus
> tu crois

lettre de remerciement | 母の日に

1 **Bonne fête, Maman !**

ボン フェット ママン

2 **Je t'envoie, chère maman, mes plus tendres baisers**

ジュ タンヴォワ シェール ママン メ プリュ タンドル ベゼ

1 お母さん、母の日おめでとう。

2 ママ、優しいキスを贈ります。

La fête des Mères　フェット デ メール　母の日
mémé　メメ　おばあちゃん
La fête des Pères　フェット デ ペール　父の日
pépé　ペペ　おじいちゃん

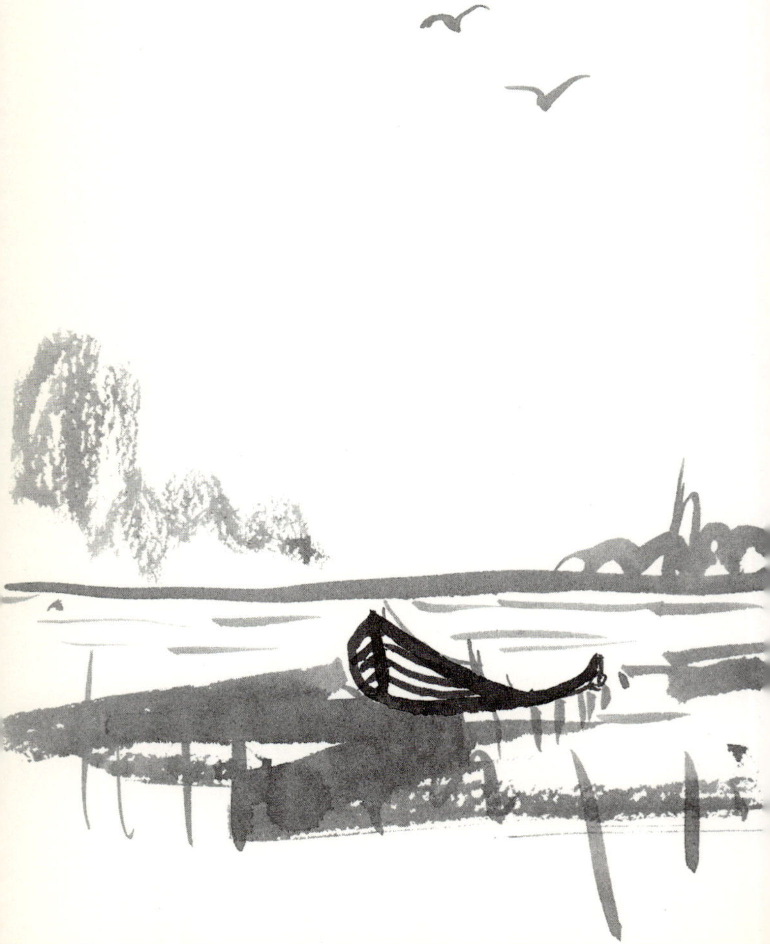

—— lettre de remerciement │ 旅先でお世話になった人へ

1 **Je ne sais comment vous exprimer ma gratitude pour toutes les attentions que vous avez eues pour moi pendant mon séjour à Paris.**

ジュ ヌ セ コマン ヴ ゼクスプリメ マ グラチチュード プール トゥト レ ザタンシィォン ク ヴ ザヴェ ユ プー モワ パンダン モン セジュール ア パリ

2 **Je vous remercie de votre accueil si chaleureux.**

ジュ ヴ レメルシ ドゥ ヴォトル アキュイユ シィ シャルルゥー

1 パリ滞在中はいろいろご配慮いただき、なんとお礼を申してよいかわかりません。

2 手厚いおもてなしをどうもありがとうございました。

《Merci de m'avoir aidé.》助けてくれてありがとう。
《Merci pour hier.》昨日はありがとう。
《Ceci est pour votre peine. en vous remerciant.... 》
これはつまらぬお礼です。(プレゼントとともに)

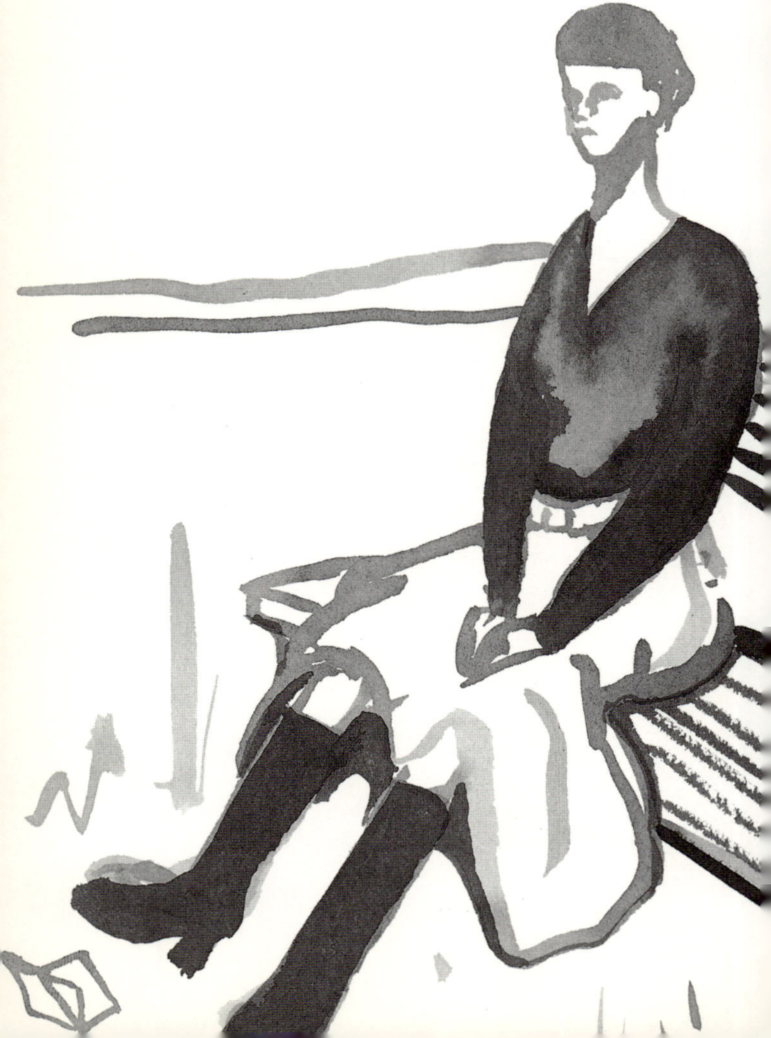

———————————— demander pardon | ごめんなさい

Je regrette sincèrement de t'avoir dit ces paroles malheureuses.

ジュ　ルグレット　サンセールマン　ドゥ　タヴォワール　ディ　セ　パロル　マルウルゥーズ

あんなこと言ってしまってごめんなさい

《Je te demande pardon.》私を許してね。
《Je te présente mille pardons.》本当にごめんね。
《J'ai tant tardé à　répondre à ta lettre,
　j'espère que tu mepardonneras.》
返事がこんなに遅れてしまってごめんなさい、許してね。

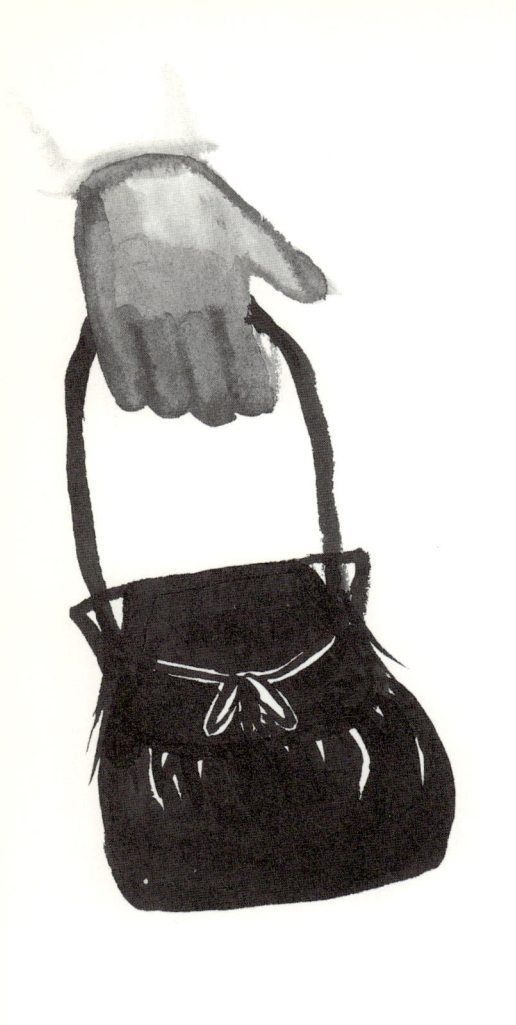

———— lettre de sympathie ｜ 入院している人への見舞状

J'ai appris avec tristesse que tu es malade et hospitalisé(e). J'espère que tu seras rétabli(e) le plus vite possible .

ジェ アプリ アヴェック トリステス ク チュ エ マラード エトピタリゼ
ジェスペール ク チュ スラ レタブリル ル プリュ ヴィット ポシィブル

君が病気で入院していると聞いて心配しています。一日も早くよくなってください。

入院している人が女性の場合、カッコの中の e をつけます。
hospitalisée , rétablieとなるのでご注意。
事故で入院している場合、最初の文は、
《J'ai appris avec tristesse que tu as eu un accident et es hospitalisé(e)..》
目上や上司へは、《J'ai appris avec tristesse que vous êtes malade et hospitalisé(e). J'espère que vous serez rétablil(e) le plus vite possible.》

103

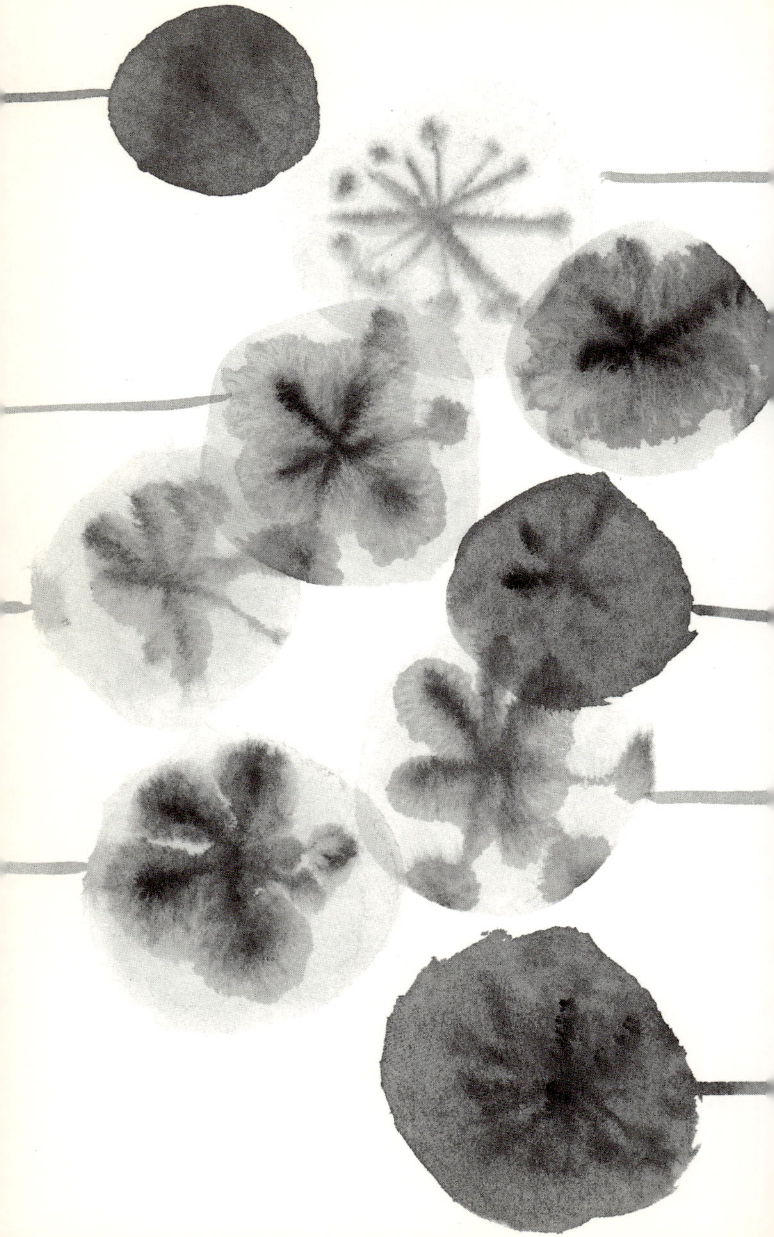

condoléances | お悔やみ

Je suis profondément touché(e) par le deuil qui vous frappe....Je vous exprime mes sincères condoléances et l'assurance de ma fidèle amitié.

ジュ スィ プロフォンデマン トゥシェ パール ル ドゥイユ キ ヴ フラップ
ジュ ヴ ゼクスプリーム メ サンセール コンドレアンス エ ラシュランス
ドゥ マ フィデル アミティエ

あなたがたを襲った御不幸に深く心を動かされます。謹んでお悔やみを申し上げ、哀悼の意を表します。

書き手が男性の場合は《touché》女性の場合はカッコ内のeをつけ、《touchée》になります。もっとも簡単な言い方に《Toutes mes condoléances.》というものがあります。葬式の後に友人たちが駆け寄り、故人の家族に向かって言う言葉です。普通、告知されてから48時間以内にお悔やみの手紙やカード（名刺を使ったもの）を出さなければなりません。

onomatopées, interjections, cris...

オノマトペや感動詞、掛け声

【擬音】

Miaou　ミャウ　にゃお（猫の声）

Frou-frou　フルフル　サラサラ
　　　　　　　　　（衣ずれの音）、ばたばた（鳥の羽音）

Vrombir　ヴロンヴィール　ぶんぶん、ぶるぶる
　　　　　　　　　　　（エンジンなどの振動音）

Ouâ-ouâ!　ウワウワ　わんわん（犬の声）

【感情／感覚】

Houp là !　オップ ラ　おっと、危ない

Ouaah !　ウァー　キャーッ（驚きの悲鳴）

Merde !　メルド　畜生！

Wouaf, Wouaf, Wouaf !　アッハハ！
ワフ　ワフ　ワフ　　　　　　（大笑い）

Hi ! hi ! hi !　イィィ　ヒヒヒ！（笑い）

Bouh!　ブー　イイーッ、だ！（むくれ）

Bon !　ボン　さてと。（決意）

Quoi ?　コワ　何だって？（驚きを含めて）

Aïe ! aïe ! aïe !　アイ　アイ　アイ　やれやれ！

Ah, zut !　アー、ジュット　あっ、しまった！

Zut alors !　ジュット　アロー　しまった！

Voyons !　ヴォワイヨン　どれどれ？（興味）

Aïe !　アイ　いて！（痛み）

Ouille!　ウィュ　いたいっ！（痛み）

【掛け声】

Bis !／Une autre!　ビ／ユンノートル　アンコール！

A la une, à la deux, à la trois !　1、2の3！（掛け声）
アラユンヌ　アラドゥー　アラトロワ

Allez, allez !　アレアレ　さあ、さあさあ、

Par ici, Messieurs, さあさ、いらっしゃい！
par ici, Mesdames !　（商人などの呼びかけ）
パーイシィ　メッシュウ、パーイシィ　メダム

【子供や動物によく使われるもの】

Mon œil !　モヌゥイユ　あっかんべえ！

Hop là !　オップ ラ　えいっ！
　　　　　　　　（何かをまたいだり、跳ぶとき）

Voyons voyons !　　よしよし
ヴォワイヨン ヴォワイヨン　　　　（子供などをなだめる）

Coucou !　クゥクゥ　いないいない、バー！
　　　　　　　　（子供をあやしたり）

Allez, va-t'en !　あっちにいけ！
アレ　ヴァタン

Chut !　シュッ　シーッ。静かに！

Bou!　ブゥ　わっ！（人を驚かせるとき）

【ひとりごと系】

Oh! hisse!　オ イッス　どっこらしょ、と
　　　　　　　　　　（持ち上げるとき）

Ouf !　ウフ　どっこらしょ（座りこむとき）

Tiens!　チャン　あれ？（おかしいぞ？と自問自問風に）

【対話／会話で】

Hé ! ェ あ！ちょっと！ (相手を喚起する)

Euh! ゥー あのう…、そのぅ…

D'ac. ダック OK!

Dis donc ! ディドン ねえ、君！ (相手を喚起)

Tiens! チャン ほら！ (目の前のものを示して)

Allô? - Allô, oui. もしもし、はい。
アロ　アロ　ウイ　　　　　　　(電話で)

Allons, allons ! Du courage !
アロン　アロン　デュ　クラージュ
　　　　　　　　　　　おいおい、元気だせよ

Chapitre 6

TELECOPIE & LETTRE PRATIQUE

実用ファックス&レター

　通信販売(VCP ヴェーペーセー)というと「質もデザインも悪い」というイメージが強く、多少馬鹿にされていた感がありました。しかし、90年代に入って「ラ・ルゥドゥト」「トワ・シュイス」のカタログ2誌がそのイメージを大きく変え、通信販売は最も注目されるマーケットに大変身を遂げたのです。ヴィヴィアン・ウエストウッドの、あの、ヒップ・パッド入りスカート以来、若者の強い支持を得て、リキエル、アライヤ、ヨージ・ヤマモトなどの続々と一流デザイナーが登場しました。また、アパレルだけでなく、コスメティック、インテリア家具などのさまざまなカタログ誌も誕生しました。

　仕事に、遊びに、お稽古に忙しい現代女性たちのライフスタイルにマッチしたショッピングスタイルですね。

```
Destinataire  : Hôtel Renoir
Expéditrice   : Mlle Hako TABATA
                43 Shimokawara-cho,
                Higashiyama-ku, Kyoto
                tél / fax  +81 75 2345 2387
Concernant    : Demande de Renseignements
Date          : le 05/03/00
```

Monsieur,

  Je désire réserver une chambre à deux lits avec salle de bains à partir du 8 mars jusqu'au 12 (donc, 4 nuits). Seriez-vous assez aimable pour bien vouloir nous indiquer le tarif pour deux personnes ainsi que la disponibilité?

  Dans l'attente d'une prompte réponse de votre part, veuillez agréer, Monsieur, l'expression de mes sentiments très distingués.

Hako TABATA

télécopie & lettre pratique | ホテル問い合わせ

```
受取人     :   ホテル　ルノワール様
差出人     :   田端ハコ
              京都市東山区下河原町43
              電話／ファックス
              +81 75 2345 2387
レフェランス :  お尋ね
日　時     :   2000年3月5日
```

管理人様、

　3月8日から12日まで（つまり4泊）ツインベットと風呂付きの部屋を予約したいのですが。二人分の料金と空部屋の有無を教えてくださらないでしょうか？
　　早急なお返事をお待ちしております。
是非よろしくお願いいたします。

　　　　　　　　　　　　　　　　　田端ハコ

ホテルなどにファックスを送る場合、受取人と差出人（男性でしたら expéditeur）、日付け、名前を明記する必要があります。

シングル　chambre à un lit
ダブル　chambre double
シャワー付きの　avec douche
お風呂付きの　avec salle de bains
静かな部屋　chambre tranquille
補助ベッド　lit supplémentaire

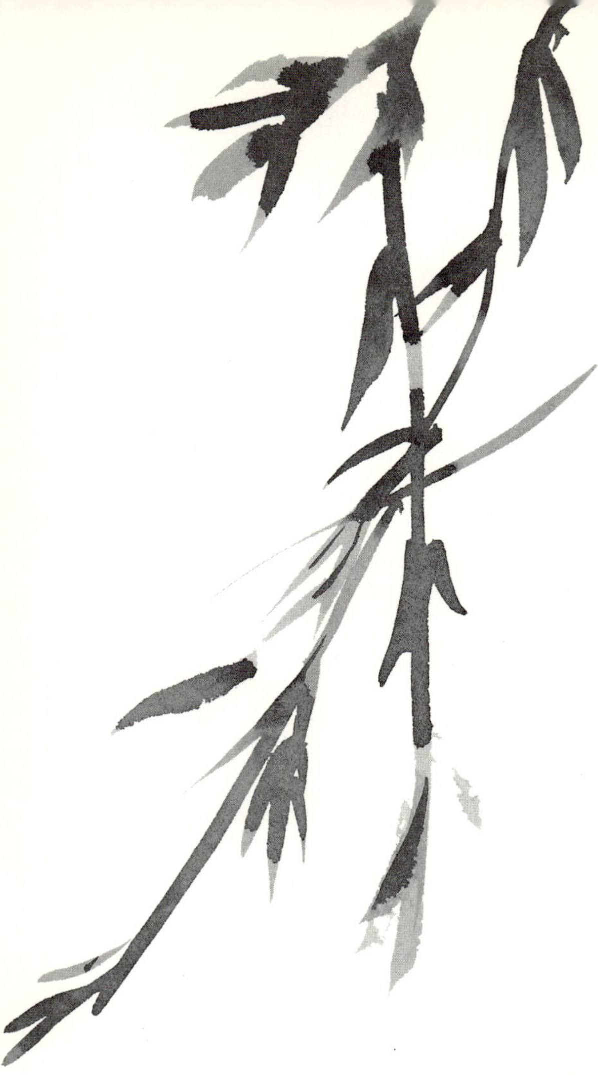

télécopie & lettre pratique | メール・オーダー
年間購読

Messieurs,
J'aimerais savoir les frais d'abonnement pour un an à votre revue "le Nouvel Observateur". En espérant une prompte réponse de votre part, je vous prie de croire, messieurs, à mes salutations les meilleures.

貴誌「ヌーベル・オブセルヴァトゥール」の一年間の購読料をお知らせください。
できるだけ早いお返事を待っております。

Messieurs, 企業や官庁関係に手紙を出す場合、呼びかけはこのように複数を用いることが多いです。

abonnement　予約購読、加入
revue, magazine　雑誌
revue mensuelle　月間誌
hebdomadaire　週刊誌

115

Destinataire : Maison Château Marguerite
             Service des Exportrations
Expéditeur : Yves Rollins
             Maison Blanche #402, 2-22 Jimbo-cho,
             Kanda, Chiyoda-ku, Tokyo
Tel & Fax : + 81 3 9432 2334
Object   : Demande de renseignements VPC
Date   : 07 / 07 / 00

Messieurs,

  Je voudrais savoir si vous faites la vente par correspondance . Si oui, je vous prie de me faire parvenir votre liste de vins ainsi que le prix par année.
  J'aimerais aussi savoir à partir de quelles quantités vous acceptez les commandes, ainsi que les frais d'envoi.
  Mes salutations distinguées, dans l'attente d'une prompte réponse de votre part……

Yves Rollins

télécopie & lettre pratique | メール・オーダー
ファックスでのワインの注文

```
受取人  :  メゾン シャトーマルガリット
           輸入係さま
差出人  :  イヴ・ロラン
           東京都千代田区神田神保町2-22
           メゾンブランシュ402号室
           電話＆ファックス  03-9432-2334
用 件   :  通信販売の問い合わせ
日 時   :  2000年7月7日

メールオーダーをされているかどうか知りたい、
と思っています。
もし、されておられるようでしたら、ワインリス
トと年別価格表をお送りください。
また、最小注文単位と送料もお知らせください。
  できるだけ早い御返事お待ちしております。

                          イブ　ロラン
```

ファックスを書く時は、
受取人、差出人、用件、日時を記入します。
差出人が女性の場合はExpéditriceとなります。

Objet: Réclamation
Date : 03 / 05 / 00

Messieurs,

J'ai reçu la robe que j'ai commandée le 5 avril 2000. Mais j'ai le regret de vous dire que l'article est de beaucoup inférieur à mon attente.
Je vous demande de bien vouloir reprendre cet article et de rembourser les frais encourus.
Veuillez agréer, Messieurs, mes salutations distinguées.

                                          Miki Martin

télécopie & lettre pratique
クレーム ｜メール・オーダー

用件：クレーム
日付：2000年5月3日

2000年4月5日に注文したドレスが
手元に届きました。しかし残念ながら、
商品は期待していたものよりはるかに
品質が劣ったものでした。
商品を引き取り、代金を返済してください。

マルタン・ミキ

---

inférieur　劣った
reprendre　ひきとる
rembourser　返済する
plainte, réclamation　クレーム
retard dans la livraison　納期遅延
marchandise avariée　商品の破損／変質

CURRICULUM VITAE

Nom et Prénom	:	TSUYUKI, Junko
Date et lieu denaissance	:	Shizuoka, le 15 Novembre 1970
Nationalité	:	Japonaise
Domicile légal	:	1-5, Sawaji, Mishima-shi,Shizuoka
Adresse	:	4-50, Inogashira, Mitaka-shi, Tokyo
Téléphone	:	+81 3 5555 5555
Situation de famille	:	Célibataire*
Etudes	:	1986-1988 Lycée Supérieur de Musashino à Tokyo
		1988-1992 Université de Kyoto, faculté des Lettres
Diplôme	:	1992 Licence ès lettres
Expérience Professionnelle	:	1994-1996 Editrice à la maison d'édition HAKUBAI
Aptitudes	:	Bonne connaissance de l'anglais et du chinois
Référence	:	M. Taro YAMADA, professeur à la faculté des Lettres de l'Université de Kyoto; 754 Shimogawara-cho, Higashiyama-ku, Kyoto

télécopie & lettre pratique | 履歴書

履 歴 書

姓名	:	露木純子
出身地及び生年月日	:	昭和45年11月15日　静岡県生まれ
国籍	:	日本
本籍地	:	静岡県三島市沢地　1-5
現住所	:	東京都三鷹市井の頭　4-50
電話番号	:	(03) 5555-5555
(民法上の) 身分	:	独身
学歴	:	昭和60年から64年まで都立武蔵野高校
		平成元年から平成4年まで　京都大学
文学部在籍		
免状	:	平成4年　文学士取得
職歴	:	平成6年から8年まで白梅出版社勤務
特技	:	英語、中国語に堪能
照会先	:	京都大学文学部教授　山田太郎氏
		京都市東山区下河原町754

CURRICULUM VITAE ラテン語で履歴を意味する。
通称CV(セーヴェー)。
TSUYUKI, Junko のように、姓は大文字で綴る。
*独身男性も、célibataire。結婚している女性なら mariée。
既婚男性ならmarié。子供がいる場合、
mariée-2 enfantsのように記入する。

Madame,

Suite à votre annonce parue dans le journal OVNI, je suis très intéressée par votre offre d'emploi "au pair"*.
Je suis japonaise, âgée de 21 ans et j'adore les enfants. Je voudrais perfectionner mon français dans une famille française.
En attendant une réponse favorable, je vous prie de croire, Madame, à mes sentiments les meilleurs.

Takako Kobayashi

télécopie & lettre pratique | 求人情報への応募

　新聞「オヴニ」を見てお手紙しております。
あなたのオ・ペール*の求人広告を拝見しました。
とても興味を持っております。
日本国籍で、現在21才です。
子供が大好きで、フランス家庭でフランス語の上達
をはかりたいと思っています。
色好いお返事を期待しています。
よろしくお願いします。

　　　　　　　　　　　　　　　　　　　小林多香子

　　*オ・ペール：住み込みのベビーシッター

Monsieur le directeur,

  Désireuse* de me perfectionner en français,
je souhaite suivre les cours de votre établissement.
  Je vous serais très reconnaissante de bien
vouloir m'envoyer les prospectus et les formulaires
d'inscription.
  En vous remerciant par avance, je vous prie
d'agréer, Monsieur le directeur,
l'expression de mes sentiments les plus distingués.

                              Namiko MURAMATU

P.-S : Vous trouverez ci-joint trois coupons-réponse
internationaux.

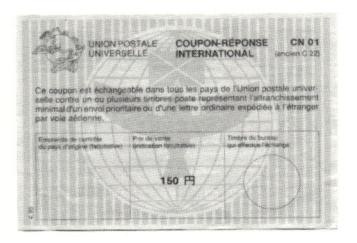

| télécopie & lettre pratique | 入学案内送付願い

学長様へ

フランス語の上達をはかるべく、あなたの学校で行っている講座を受講したく思っております。要項と入学案内書を送ってくださると大変ありがたいのですが。
それでは、前もってお礼を述べさせていただきます。

村松奈己子

追伸：国際返信クーポンを三枚同封致しました。

---

désireuse*：この手紙の書き手は女性。
男性ならdésireux で始める。

coupons-réponse internationaux:
国際返信クーポンは、フランスの発明で
次のように書かれています。
Ce coupon est échangeable dans tous les pays de
l'Union postale universelle contre un ou plusieurs
timbres-poste représentant l'affranchissement minimal
d'un envoi prioritaire ou d'une lettre ordinaire
expédiée à l'étranger par voie aérienne.
このクーポン券は、すべての万国郵便連合加盟国において、
定型郵便物で国内で、あるいはエアメールで外国に送れる
金額分の切手に代えてもらうことが可能です。

Chapitre 7

LETTRES D'AMOUR DE FILMS ET CHANSONS

シネマ、シャンソンの中のラヴレター

　フランス映画の中には、手紙を書くシーン、読むシーンが意外にも多いものです。ここでは、比較的ビデオが入手しやすい作品を御紹介しますが、この他にも数多くあります。例えば、アニエス・ヴァルダの「ひまわり」。郵便局員の女性に主人公がクロスワードパズルのようなラブレター電報をうつシーンが印象的でした。ロスタンの名作、「シラノ・ド・ベルジュラック」でもラヴレターは物語の鍵になっていましたね。

　シャンソンでのきわめ付けはゲンズブールの「En relisant ta lettre」。この曲は、受け取った恋文のスペリングの間違いを直していくクールな男の独り言を歌ったもの。韻の踏み具合といい、言葉遊びセンスといい、とてもゲンズブールらしい作品です。

Lettres d'amour de films et chansons

映画やシャンソンの中のラブレター　シネマ1

Louis MALLE
Au revoir, les enfants

さよなら子供たち

戦時中、遠くに離れている子供に宛てたお母さんの手紙です。

Mon cher Julien,

L'appartement semble vide sans toi.
Paris n'est pas drôle en ce moment. Nous sommes bombardés presque chaque nuit. Hier une bombe est tombée sur un immeuble à Boulogne-Billancourt. Huit morts. Charmant !
 Tes soeurs sont rentrées à Sainte-Marie. Sophie travaille à la Croix-Rouge le jeudi et le dimanche. Il y a tellement de malheureux !
 Ton père est à Lille. Son usine tourne au ralenti, il est d'une humeur de chien. Il est vraiment temps que la guerre se termine.
 Je viendrai vous sortir dimanche le huit, comme prévu. Nous irons déjeuner au Grand Cerf. Je m'en réjouis déjà et te serre sur mon coeur.

Ta Maman qui t'aime.

P.-S : Mange tes confitures. Je vous en apporterai d'autres. Prends bien soin de ta santé.

私の可愛いジュリアン

あなたのいないアパートは空虚だわ。最近、パリは、良くないの。毎晩というほどに空襲があるのよ。昨日はブローニュ＝ビランクールに爆弾が落ちて8人死者が出たのよ。悲惨だわ。
あなたの姉たちはサン-マリに戻ったわ。ソフィーは赤十字で木曜日と日曜日に働いている。不幸な人が本当に大勢いるのよ。
　あなたの父さんは、リールにいるわ。父さんの工場も、ペースが遅くなって、とっても機嫌が悪いの。本当に、戦争が終わってくれないと。
　約束通り、8日の日曜日にあなたたちを連れだしに行くわね。グラン・セルフで昼食をとりましょう。ママは、もう、うきうきしています。あなたを胸に抱きしめたい。

　　　　　　　　　　　　　　愛するママより

追記；ジャムをお食べ。もっと持って行ってあげるわ。体には気をつけて。

Au revoir, les enfants - さよなら子供たち
監督:ルイ・マル
脚本:ルイ・マル
キャスト:ガスパー・マネス(ジュリアン・カンタン)
ラファエル・フェジョー(ボネ)
公開日:1987年

ストーリー:ナチス占領下のフランス。パリに住んでいた少年ジュリアンは、田舎のカトリックの寄宿学校に転校していく。ジュリアンは、そこで知り合った少年、ボネと友情を結ぶのだが、彼はフランス風に名前を変えたユダヤ人だった。やがて、学校の料理人の密告で学校がユダヤの子供たちをかくまっていたことが警察に知らされ、神父と子供たちはゲシュタポに連行されてしまう。

　ルイ・マル監督の実体験をもとにして描かれた作品で、「私は死ぬまでこの一月の朝を忘れないだろう」という最後のナレーションは、ルイ・マル監督自身の声による。処女作「死刑台へのエレベーター」から30年経った1987年に作られた代表作。

「さよなら子供たち」3800円(税抜)
カルチュア・パブリッシャーズ(株)

Lettres d'amour de films et chansons

映画やシャンソンの中のラブレター
シネマ2

François TRUFFAUT
JULES ET JIM

突然炎のごとく
異国で兵役義務についている夫からの手紙です。

Catherine,
Mon amour, je pense à toi sans cesse.
Non à ton âme car je n'y crois plus,
mais à ton corps, tes cuisses, tes hanches :
je pense aussi à ton ventre, à notre fils qui
est dedans. Comme je n'ai plus d'enveloppe,
je ne sais pas comment te faire parvenir cette
lettre. Je vais être envoyé sur le front russe.
Ça sera dur, mais je préfère cela, car je vivais
dans l'angoisse de tuer Jim. Mon amour,
je prends ta bouche violemment.

カトリーヌ、
　私の愛しい人、いつも君のことを想っている。
想っているのは、君の魂（ソゥル）ではないんだ。
魂は信じないから。君の身体を想っているんだ。
君の太腿、腰、そして、僕たちの子供が入っている
お腹も。もう封筒がないから、この手紙をどうやって
送ろうか。僕はロシア前線に送られる。
辛いだろうが、そのほうがいい。
ジムを殺してしまうかもしれないとしれないという
心配はないから。愛しい人よ、君の唇を求めてやまぬ。

●ジムの子供を孕んだカトリーヌのラブレター

Je t'aime, Jim. Il y a tant de choses sur la Terre que nous ne comprenons pas... et tant de choses incroyables qui sont vraies! Je suis enfin féconde. Remercions Dieu, Jim. Prosterne-toi. Je suis sûre, absolument sûre que c'est toi le père. Je te supplie de me croire. Ton amour est une partie de ma vie. Tu vis en moi. Crois-moi, Jim, crois-moi. Ce papier est ta peau, cette encre est mon sang. J'appuie fort pour qu'il entre. Réponds-moi vite.

　愛しているわ、ジム。この世には理解できないようなことも沢山ある。そして、信じられない真実も……。私の中にも命が宿ったみたいなの。ジム、神様に感謝しましょうよ、ひざまづいて。あなたがこの子の父親だということは、確実なの。信じてちょうだい。あなたの愛情は私の人生の一部なの。私の中にあなたは存在するわ。とにかく、信じて。この紙はあなたの肌、インクは私の血。染込むように強く浸すわ。早く返事を頂戴。

突然炎のごとく(Jules et Jim)
監督:フランソワ・トリュフォー
原作:アンリ＝ピエール・ロシェ
脚本・台詞:フランソワ・トリュフォー、
　　　　　ジャン・グリュオー
音楽:ジョルジュ・ドルリュー
パリ公開:1964年2月1日
キャスト:ジャンヌ・モロー（カトリーヌ）、
　　　　オスカー・ウェルナー（アルベール）、
　　　　アンリ・セール（ジム）

ストーリー：

ドイツ人の青年ジュールとフランス青年のジムは、性格は全く反対だが、親友どうし。文学や芸術に対しても、意見が対立することもあるが、お互いの違いを尊重し、それを楽しんでいた。そんな2人はある時、アドリア海の島にある女性の影像に魅了される。それからしばらくして、2人はその影像にそっくりな女性カトリーヌと知り合う。　3人で地中海へバカンスに出かけた時、ジュールはついに、彼女に結婚を申し込む。カトリーヌは、ジュールと一緒になり、子供も生まれるが、ジムも愛し続ける。

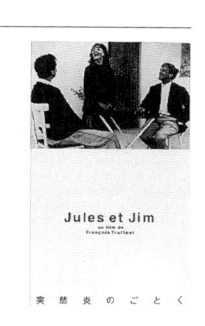

「突然炎のごとく」3800円（税抜）
カルチュア・パブリッシャーズ（株）

Lettres d'amour de films et chansons
映画やシャンソンの中のラブレター　シネマ3

Patrice LECONTE
Le Mari de la Coiffeuse

髪結いの亭主

夫へのラブレター遺書

Je m'en vais avant d'être malheureuse.
Je m'en vais en emportant le goût de nos étreintes,
en emportant ton odeur,
ton regard,
tes baisers...
Je m'en vais en emportant le souvenir des plus belles années de ma vie,
celles que tu m'as données.
Je t'embrasse longuement jusqu'à en mourir.
Je t'ai toujours aimé.
Je n'aimais que toi.
Je m'en vais pour que tu ne m'oublies jamais.
Mathilde

不幸になる前に逝くわ。
私たちの固い包容と、
あなたのにおいと、まなざしとキス抱きながら
あなたがくれた人生で一番幸せな日々を胸に抱いて
息がつまるほどのキスを贈ります。
ずっと愛していたわ、あなただけを。
忘れてしまう前にさよならをするわ。
マチルド

髪結いの亭主
監督：パトリス・ルコント
脚本：パトリス・ルコント
音楽：マイケル・ナイマン
キャスト：ジャン・ロシュフォール
（アントワーヌ）、アンナ・ガリエナ
（マチルド）、
公開日：1990年

ストーリー：少年の頃、女の床屋さんと結婚すると決めたアントワーヌ。時がたち、彼はついに、美しく若い理想の理髪師マチルドと出会うことができる。ふたりは恋に落ち、結婚し、幸せな日々を送るのだが、幸せの絶頂に、マチルドは突然川に飛び込んで自殺を計る。マチルドは、アントワーヌ宛てに遺書のラブレターを書いていたのだった。

「髪結いの亭主」3800円（税抜）
アルシネ・テラン（株）

Lettres d'amour de films et chansons
映画やシャンソンの中のラブレター　シネマ4

その他のラブレター

　フランソワ・トリューフォーの７５年の映画に「Histoire d'Adèle H.」(邦題「アデルの恋の物語」) があります。イザベル・アジャーニ１９歳のときの作品です。映画の間中、アデルは恋するピンソン大尉にラブレターを送り続けます。映画のなかでアデルが一番最初に書く手紙を読んでみますと……

Albert, mon amour,
Notre séparation m'a briseé.
Depuis ton départ,
je pense chaque jour à toi.

私の愛しいアルベール、
辛い別れだったわ。
あなたが去ってから毎日
あなたのことを想っています。

最後の《je pense à toi 》というのは、「あなたのことを想っています」という意味で非常によく使われています。離れた距離にいる恋人たちでなく、親子や兄弟の間でも頻繁に使われるフレーズです。

Mais à présent, Je suis là.
Je suis dans la même ville que toi,
Albert.
Tout va recommenser
comme avant. Je t'aime, ton Adèle.

でも、今、私はここにいるの。
わたしはあなたと同じ街にいるのよ、
アルベール。
昔のようにすべてをやりなおせばいいわ愛しているわ、
あなたのアデルより

恋の盲目人となったアデルは彼を追い掛けて海まで渡ったのです。それで「同じ街にいるのよ」と言っているわけですが、昔のように（comme avant）もとの鞘に戻ると信じています。「昔のようにやりなおしましょう」という提案ならば、《On va recommenser comme avant. 》という言い回しもあります。

　その他、「Paris ici et ailleurs」(邦題「パリところどころ」)というオムニバス映画のゴダールの短編にも手紙が登場します。pneumatique (プヌマティック)という、特別速達（地下の空気管を通して局から局へ配送されるシステム）がパリに存在した頃の話です。女の子が二人の男の子にラブレターを同時にプヌマティック速達でだすのですが、彼女は封筒を間違えたと思い込み、ロジェという自動車整備士のもとに急ぎます。女の子は「あなたが受け取った手紙は、他の人への手紙だったのよ」と告げるのですが、それは確かにロジェ宛のものでした。

Mon cher Roger,
Je t'embrasse tendrement……

私の愛しいロジェ
優しい口付けを送ります

女の子が「Zut！（しまった）」と舌打ちすると、ロジェはカンカンに怒ります。彼女は「Je t'aime (愛しているのよ), je te jure (本当よ)！」と言うのですが
「Dégage-toi！（出ていきやがれ）」とロジェは叫び、彼女を追い出してしまいます。

Lettres d'amour de films et chansons

シャンソン

Serge Gainsbourg
En relisant ta lettre

セルジュ・ゲンズブール
君の手紙を読み返しながら

作詞作曲ともにセルジュ・ゲンズブール。彼の3枚目の25cmアルバム「L'Etonnant Serge Gainsbourg」に収録されていた1961年の曲です。

　歌詞の内容は、かなりシニック。女性が男性に真剣なラブレターを書くのですが、男性は冷静に手紙を読み返し、スペリングの綴り間違いなどを指摘していきます。後半は、この女性の手紙に対する男性の返答手紙になっています。

{ *En relisant ta lettre je m'aperçois que l'orthographe et toi, ça fait deux ...*}	「君の手紙を読み返して、君のスペリングの酷さがわかったよ……」
C'est toi que j'aime	私が愛しているは、あなたよ
{ *Ne prend qu'un M* }	「aimerのmはひとつでいいんだ」
Par-dessus tout	なによりも愛しているの
Ne me dis point	何も言わなくてもいいけれども
{ *Il en manque un* }	「ピリオドがひとつ足りないんだけど」
Que tu t'en fous	なんてやるせないの、あなたって。
Je t'en supplie	お願いよ
{ *Point sur le i* }	「iの上の・(テン) がない」
Fais-moi confiance	信じて。
Je suis l'esclave	私は虜よ、
{ *Sans accent grave* }	「esclaveにはアクサングラーヴは、はいらないんだ」
Des apparences	面影の。
C'est riducule	滑稽かもしれないけれども
{ *C majuscule* }	「書き出しのCは大文字で」
C'était si bien	とても素敵だったの
Tout ça m'affecte	私、恋の重症のようだわ、
{ *Ça c'est correct* }	「ここはあってるな」
Au plus haut point	瀕死直前なほどに……。

Si tu renonces	もしあなたが
{ *Comme ça se prononce* }	「発音するように書きましょう」
A m'écouter	私に耳を貸さないのなら
Avec la vie	命を賭けるわ。
{ *Comme ca s'écrit* }	「正しく書きましょう」
J'en finirai	死んでもいいわ、
Pour me garder	
{ *Ne prends qu'un D* }	「garderのd はひとつだけ」
Tant de rancune	恨みを抱えて。
T'as pas de coeur	冷たい人ね
Y'a pas d'erreur	本当よ、
{ *Là, y'en a une*}	「間違い、ここにひとつあり」
J'en mourirai	私、死ぬわよ
{ *N'est pas français*}	「これはフランス語じゃないよ」
Ne comprends-tu pas ?	わかるかしらね、あなたには
Ça sera ta faute	あなたのせいになるってことが
Ça sera ta faute	
{ *La, y'en a pas*}	「ここには間違いはないな」

(以下男性の返答)

Moi je te signale	前もって言っておくが、
Que gardénal	ガルデナール*のスペルはeでは
Ne prend pas d'E	なくéだ。
Mais n'en prends qu'un	ひとつだけ、
Cachet au moins	一錠だけにしておけよ
N'en prends pas deux	2つはだめだぞ
Ça te calmera	君も冷静になるだろうよ
Et tu verras	そして、わかるさ
Tout retombe à l'eau	すべてもとどおりになおるさ
Le cafard, les pleurs	憂鬱も涙も
Les peines de coeur	心の痛みも
O E dans l'O	水に流れるよ

ガルデナール*（鎮静剤／睡眠剤の愛称）

ひとことフレーズ集

やあ！
Salut !
サリュ

元気？
Ça va ?
サヴァ

お元気ですか？
Comment allez-vous ?
コマタレヴ

何か変わったことはある？
Quoi de neuf ?
コワ ドゥ ヌフ

私のほうはすべて順調
De mon côté, tout va bien.
ドゥ モン コテ トゥ ヴァ ビヤン

がんばってください
Bon courage !
ボン クラージュ

Bonne Chance !
ボンヌ シャンス

お仕事、がんばってください
Bonne chance pour ton travail.
ボン シャンス プー トン トラヴァイユ

Bonne Chance pour votre travail.
ボン シャンス プー ヴォトル トラヴァイユ

めげないでがんばって
Bonne continuation.
ボンヌ コンチニュアシィオン

体にきをつけて
Prends soin de toi...
プラン ソワン ドゥ トワ

Prenez soin de vous...
プレネ ソワン ドゥ ヴ

家族の皆さんによろしく
Mes amitiés chez toi.
メ ザミティエ シェ トワ

Mes amitiés chez vous.
メ ザミティエ シェ ヴ

ひとことフレーズ集

いままでありがとう

Merci pour tout ce que tu as fait .
メルシ プー トゥスクチュアフェ

Merci pour tous ce que vous avez fait.
メルシ プー トゥスクヴ ザヴェフェ

あなたがいなくてさみしいわ

Tu me manques beaucoup
チュムマンク ボク

Vous me manquez beaucoup
ヴムマンケ ボク

はやく会いたいです

(語り手が男性の場合、会う相手の性は構わない)

Je suis impatient de te voir !
ジュスィザンパシィヤン ドゥ トゥ ヴォワール

(語り手が女性の場合)

Je suis impatiente de te voir !
ジュスィザンパシィヤント ドゥ トゥ ヴォワール

お会いできれば幸いです。
(語り手が男性の場合)

Je serais très heureux de vous voir.
ジュ スレ トレズールー ドゥ ヴ ヴォワール

(語り手が女性の場合)

Je serais très heureuse de vous voir.
ジュ スレ トレズールーズ ドゥ ヴ ヴォワール

素晴らしい贈り物、
本当にありがとう。

Je vous remercie du fond du coeur pour votre si charmant cadeau.
ジュ ヴ レメルシ デュ フォン デュ クール プー ヴォトル シィ シャルマン カドー

お便りくれると嬉しいな。

Donne-moi de tes nouvelles. Cela me fait plaisir.
ドンヌ モワ ドゥ テ ヌーベル スラ ムフェ プレジール

にむらじゅんこばるう　Junquo Nimura Barouh
　パリ第四大学で考古学と美術史を勉強したのち、フランスと日本の出版社に勤務。雑誌「POPOCOLOR」の副編集長を経て、現在、執筆／翻訳業。近書に「パリを遊びつくせ」（原書房出版）がある。裏の顔は、肌襦袢を蒐集する趣味の骨董屋。

ハミル・アキ　Hamiru・Aqui
書画家。日本の書道をベースにした作品を、日本とヨーロッパを中心に発表している。1996年にフランスで出版された (LE CORBEAU(WILLIAM BLAKE&CO.EDIT)は一冬で完売に。フランスの詩人、俳優などにファンが多い。また最近ではレストランやショップにおける完成度の高いアートディレクションでも注目されている。

装丁・デザイン
戸村守里

コンセイエ・ランギスティック
Olivier Petitpas

Merci à...
ボブ・レナス、ナカヌキ・シエコ、アサイミキ、
Benoît Dupuis、Dominique Barouh、Mimine Royer、
M. Kiyotani、Muramatsu

EN RELISANT TA LETTRE
　　　　　　　　by Serge Gainsbourg
(c) EDITIONS PHILIPPE PARES
All rights reserved. Used by permission.
RIGHTS FOR Japan administered by

WARNER/CHAPPELL MUSIC, JAPAN K.K., c/o NICHION, INC.
日本著作権協会 （出） 許諾第0004926-001号

好評発売中

フランス語で綴るグリーティングカード
──こころのこもった素敵なフレーズ集──
にむらじゅんこ著　ハミル・アキ画

手紙やカードから履歴書まで一年を通じて使える素敵な言葉をたくさん集めました。すぐに使える心のこもったフランス語のメッセージ集。
<本体1,400円>

「ねこ式」フランス語会話
──ねこと一緒に暮らすための257フレーズ──
にむらじゅんこ著　ハミル・アキ画

日常生活のさまざまな状況を想定し掲載したフレーズは猫ちゃんだけでなく、友人や恋人にも使用可能です！
<本体1,400円>

しぐさで伝えるフランス語
──もうひとつのハートフルな言葉──
にむらじゅんこ著　ハミル・アキ画

言葉だけでは伝わらないちょっとした心の動きをジェスチャーで表現してみませんか。フランス語がもっと身近になります。
<本体1,400円>

お花に添えるフランス語
──心を伝える花言葉──
にむらじゅんこ著　ハミル・アキ画

すべての花には隠された意味や伝説、暗喩、愚意を含んでいます。そのようなことばを添えてお花を贈ってみたらどうでしょう。
<本体1,400円>

おいしいフランス語
──食卓を彩る言葉のかずかず──
にむらじゅんこ著　ハミル・アキ画

フランス料理の名前には、奇妙なものやポエティックなものが多く、読むだけで楽しくなります。味覚とともに言葉も覚えれるお得な一冊。
<本体1,400円>

三修社

上記の価格には別途消費税が加算されます